ESOTERISCHES
WISSEN

Norman Vincent Peale

Mein Vermächtnis

Aus dem Amerikanischen von Thomas Görden

Deutsche Erstausgabe

WILHELM HEYNE VERLAG
MÜNCHEN

HEYNE ESOTERISCHES WISSEN
Herausgegeben von Michael Görden
08/9716

Umwelthinweis:
Dieses Buch wurde auf
chlor- und säurefreiem Papier gedruckt

Titel der Originalausgabe
LIFE BEYOND DEATH: Why I Believe in Heaven
erschienen bei The K. S. Giniger Company Inc., New York

Copyright © 1997 by The Peale Foundation
Copyright © der deutschsprachigen Ausgabe 1997
by Wilhelm Heyne Verlag GmbH & Co. KG, München
Published by arrangement with The K. S. Giniger Company,
Inc., New York
Printed in Germany 1997
Umschlaggestaltung: Atelier Adolf Bachmann, Reischach
Umschlagabbildung: Bildagentur Mauritius, Mittenwald
Satz: ew print & medien service gmbh, Würzburg
Druck und Bindung: Ebner Ulm

ISBN 3-453-12584-3

Inhalt

Vorwort 7

Erstes Kapitel
―――
Ewiger Trost
9

Zweites Kapitel
―――
Eine größere Herrlichkeit erwartet uns
25

Drittes Kapitel
―――
Die Seele stirbt nicht
33

Viertes Kapitel
―――
Bewohner der Ewigkeit
41

Fünftes Kapitel
―――
Wir sind nicht allein
53

Sechstes Kapitel
―――
Die Auferstehung und das Leben
63

Siebtes Kapitel
―――
Jenseits der Schatten
71

Achtes Kapitel

Wer das Leben nicht fürchtet,
braucht auch den Tod nicht zu fürchten
83

Neuntes Kapitel

Das Prinzip der Todlosigkeit
95

Zehntes Kapitel

Jetzt leben – und dann
109

Elftes Kapitel

Viel Spaß in der Ewigkeit
117

Zwölftes Kapitel

Die Unsterblichkeit akzeptieren
127

Dreizehntes Kapitel

Worte des Trostes und der Ermutigung
133

Vorwort

Von der Zeit, als Norman Vincent Peale seine Laufbahn als Geistlicher begann, bis zu seinem Tod am Weihnachtsabend 1994 hielt er Tausende von Predigten, schrieb Hunderte von Zeitungskolumnen und Dutzende von Artikeln für Zeitschriften, hielt zahllose Vorträge und Reden und war Gast in vielen Radio- und Fernsehsendungen. International wurde er durch seine vielen populären Bücher bekannt.

Der größte Teil dieses Materials, von dem vieles nie in Buchform erschien, wird in Pawling, New York, im Peale Center für Christliches Leben verwahrt. So kann seine Botschaft auch weiterhin auf neue und andere Weise verbreitet werden.

Zu den vielen Themen, mit denen er sich in seinen Predigten, Zeitungskolumnen und Artikeln befaßte, gehörten auch der Tod, die Unsterblichkeit und das jenseitige Leben, zu denen er sich besonders während der Osterzeit zu äußern pflegte.

Ich sehe immer noch vor mir, wie Norman am Ostersonntag in der Marble Collegiate Church an der Fifth Avenue in New York predigte, wo er so viele Jahre seinen Dienst versah. In der mit weißen Lilien, die ein Freund von den Bermudas geschickt hatte, wunderschön dekorierten Kirche höre ich ihn jene Worte zitieren, die er für die größten und schönsten Worte überhaupt hielt: »Ich bin die Auferstehung und das Leben. Wer an mich glaubt, der wird Leben, obgleich er stürbe; und wer da lebt und glaubt an mich, der wird nie mehr sterben.«

Sie werden in diesem Buch immer wieder auf diese Worte stoßen, ebenso wie auf andere Bibelstellen, die er zu Prüfsteinen seines Denkens machte. Den Verlust geliebter Menschen – Großmutter, Mutter, Vater, Brüder, Freunde – ertrug er in der Gewißheit, sie wiederzusehen.

Auf den folgenden Seiten beschreibt er diese persönlichen Erfahrungen ebenso wie die Erfahrungen vieler anderer Menschen. Er war sicher, daß es ein Leben nach dem Tod und den Himmel gibt (obgleich er hoffte, die Ewigkeit nicht mit Harfenspiel verbringen zu müssen), und er wußte, daß die, die er liebte, dort auf ihn warten würden.

Auch ich bin mir dieser Dinge sicher, und ich weiß, daß irgendwo dort draußen Norman auf mich wartet.

Mein Dank gilt meiner Assistentin am Peale Center, Sybil Light, die Norman viele Jahre als Sekretärin zur Seite stand, und Kenneth Giniger, seinem langjährigen Lektor und Verleger. Sie halfen mir, diese Worte Normans in die vorliegende Form zu bringen.

Ruth Stafford Peale

The Hill Farm
Pawling, New York

Erstes Kapitel

Ewiger Trost

Eine der besonders schwer zu verkraftenden Sorgen dieser Welt ist der Tod geliebter Menschen. Es ist ein allgemein verbreiteter Schmerz, denn überall ziehen die Leichenzüge ernst und feierlich zu Gottes Acker. Kein Tag vergeht, an dem sich nicht irgendwo Menschen die Frage stellen: »Werden wir die, die wir lieben, je wiedersehen?«

In einer tragischen Nacht vor vierundachtzig Jahren überquerte ein mächtiges Schiff den Nordatlantik. Es handelte sich um seine Jungfernfahrt. Das Schiff war der Stolz der britischen Flotte, das größte, das je gebaut worden war. Sein Name lautete *Titanic*. An Bord waren vergnügte Parties im Gange. Lachen und Musik schallten über das Wasser, in dem sich die Sterne spiegelten. Alle waren glücklich. Der Zauber des silbernen Mondscheins ließ das Meer leuchten. Die gewaltigen Maschinen dröhnten gleichmäßig, während das edle Schiff hell erleuchtet durch ruhige See glitt. Allmählich kühlte sich die Luft ab, aber die Menschen auf Deck hielten das lediglich für die Frische einer Frühlingsnacht. Plötzlich ragte ein großes grünes Ding drohend vor dem Schiff auf. Vergeblich läuteten Alarmglocken. Der Steuermann warf das Ruder herum, doch keine Macht der Welt hätte die rasche Fahrt des Schiffes rechtzeitig abstoppen oder einen Zusammenstoß vermeiden können. Es gab kein Entrinnen.

Dann folgten Szenen unsterblichen Heldentums. Der angeborene Edelmut von Menschen im Angesicht der Ewigkeit wurde wieder einmal unter Beweis gestellt. Die Lichter des Schiffes gingen aus, und auf seinen sich zur Seite neigenden Decks schwiegen Hunderte ergriffen, als die Bordkapelle feierlich »Näher, mein Gott, zu Dir« spielte. Diese Geschichte, die zu den tragischsten der heutigen Zeit gehört, gemahnt uns an die erhabene Philosophie eines Charles Frohman, der auf dem Deck der sinkenden *Lusitania* zu einer Gruppe von Freunden sagte: »Wozu den Tod fürchten? Der Tod ist nur ein schönes Abenteuer.«

Um Meisterschaft in der Kunst des Lebens zu erlangen, müssen wir etwas über das Sterben wissen, denn, auch wenn das seltsam erscheinen mag, Sterben ist ein wichtiger Faktor im Leben. Wir glauben, daß der Tod nur ein weiteres Stadium des Lebens ist, der Eintritt in eine andere Existenzform, so wie die Verwandlung der Raupe in einen Schmetterling oder wie eine Tür, hinter der uns ein größeres Leben erwartet. In einer Welt voller Wunder wird die Möglichkeit eines Lebens nach dem Tod immer wahrscheinlicher.

Es ist bemerkenswert, wie dogmatisch und unwissenschaftlich Gelehrte manchmal werden können. So hat zum Beispiel ein britischer Wissenschaftler vor einigen Jahren gesagt: »Wenn der Mensch stirbt, wird sein Geist ausgelöscht wie eine Kerzenflamme.« Natürlich stellt sich da die Frage: »Woher will er das wissen? Wie sehen seine Beweise aus?« In Wahrheit weiß er nicht das geringste darüber, denn er spricht, wie Shakespeare es formuliert hat, über »das unentdeckte Land, aus dem noch nie ein Reisender zurückkehrte«. Wissenschaftler wie dieser sind eindeutig nicht mehr auf der Höhe der Zeit, denn die bedeutenderen Männer der Wissenschaft tendieren heute dazu, den Theismus und das stärker spirituell orientierte Denken bei ihren Deutungen des Universums in den Mittelpunkt zu rücken. Obgleich sie noch keine diesbezüglichen Beweise vorlegen können, falls wissenschaftliche Beweise hier überhaupt möglich sind, weist ihr Denken doch klar in Richtung eines Glaubens an die Unsterblichkeit.

Es ist ganz natürlich, daß wir in bezug auf das Leben nach dem Tod außerordentlich neugierig sind. Als Henry Thoreau in Concord im Sterben lag, saß sein Freund Parker Pillsbury an seinem Bett und fragte: »Henry, du bist jetzt so nah an der Grenze, kannst du auf der anderen Seite schon etwas erkennen?« Darauf erwiderte Thoreau matt lächelnd: »Nicht so schnell, Parker, eine Welt nach der anderen.« Für den nachdenklichen Weisen von Walden Pond mag diese Antwort befriedigend gewesen sein, doch die meisten Menschen blicken mit Sehnsucht zu jenem anderen Land, in das die, die sie lieben, gegangen sind. Sie haben sie davonsegeln sehen wie Schiffe, die im Nebel verschwinden. Während jene in das große Unbekannte aufbrachen, sind sie zurückgeblieben und haben sich gefragt: »Werden wir die, die wir lieben, jemals wiedersehen?« Das ist ein sehr verständlicher Wunsch. Im langen Lauf der Jahre wachsen menschliche Leben eng zusammen. Der Klang der Stimme eines geliebten Menschen wird kostbar, die Berührung seiner Hand, seinen besonderen Schritt, seine schweigende Gegenwart empfinden wir als einen Segen. Da sind Ehemann und -frau, einander liebende Gefährten auf einer langen Reise – werden sie sich wieder begegnen? Da sind Mutter und Vater, Söhne und Töchter, vereint durch zärtliche Familienbande. Mutter und Vater werden alt, und bei ihrem Hinscheiden bleiben Gefühle der Trauer, Einsamkeit und Sehnsucht in den Herzen ihrer ein Leben lang liebevoll an sie denkenden Kinder zurück. Werden die Kinder eines Tages diese vertrauten Gesichter in einem glücklicheren Land wiedersehen?

Nichts in dieser Welt ist so unerbittlich wie die Zeit. »Wandel und Verfall in allem, was wir sehen.« Nichts bleibt so, wie es ist. Kürzlich besuchte ich jene kleine

Stadt in Ohio, wo ich als Kind viele glückliche Sommer bei meinen Großeltern verbracht hatte. Ich lief erneut durch die alten, vertrauten Straßen und bemerkte dabei, daß die Häuser, die meinen Kinderaugen so groß erschienen waren, nun klein und wenig beeindruckend auf mich wirkten. Das stimmte mich nachdenklich und führte mir vor Augen, wie sehr sich alle Dinge verändern. Ich vermißte viele Menschen, die einst allseits bekannte Bürger jenes Ortes gewesen waren, sich nun aber dieser nie endenden und unzählbaren Karawane angeschlossen hatten, welche über den Hügel in den Sonnuntergang führt. Viele, die ich damals in der Blüte ihrer Jahre gekannt hatte, fand ich nun gebrochen und von der Last der Jahre gebeugt vor.

Schließlich kam ich zum Haus einer geliebten Tante, wo ich in längst vergangenen Tagen mit meinen Vettern und Brüdern gespielt hatte. Ich schaute mir die altertümliche Scheune an, die mir erfreulich unverändert erschien, und den Heuboden, einst für mich ein Ort voller Geheimnisse. Ich ging durch die Küche in eine Speisekammer, wo stets die köstlichsten Kekse von ganz Ohio in einer gut erreichbaren Dose auf uns hungrige Jungen gewartet hatten. Aber die Hände, die jene Kekse gebacken hatten, und die Stimme, die immer bei der Arbeit gesungen hatte, waren verschwunden, und das machte den Ort traurig und seltsam leer, denn was bedeutet einem ein Haus, wenn die geliebten Personen, die es zu einem Zuhause machten, nicht mehr da sind?

Den Höhepunkt meines Besuches bildete der Augenblick, als ich um das Haus herumging und erfreut sah, daß sich jenes Ding, wonach ich suchte, noch an seinem Platz befand. Es handelte sich um eine altmodische Schaukel aus Eisen mit gegenüberliegenden Sitzen. Ich erinnere mich noch gut, wie sie, neu und strahlend, zum erstenmal aufgestellt wurde. Wir Jungen spielten darin Eisenbahn. Ich wollte immer der Schaffner sein, damit ich das Fahrgeld kassieren konnte – allerdings war es, glaube ich, gar kein echtes Geld, sondern Reißzwecken. Aber das ist alles lange her. Heute schaukelt die alte Schaukel nicht mehr. Das Trittbrett ist abgebrochen und liegt auf dem Boden. Die Schaukel ist nicht mehr neu und strahlend, sondern rostig und mürbe. Als ich sie bewegte, wackelte sie bedenklich hin und her. Die Zeit, überlegte ich, hat das bewirkt – Zeit, die alles alt und zerbrechlich werden läßt. Und mir wurde schmerzlich bewußt, daß die Zeit das, was sie den Dingen antut, auch den Menschen zufügt. Einer nach dem anderen würden die, die ich liebte, mich verlassen.

Bedeutet der Tod, daß unsere glücklichen Beziehungen zu anderen Menschen für immer enden? Stets drängt sich uns die brennende, wehmütige Frage auf: »Werden wir die, die wir lieben, nach dem Tod wiedersehen?« Ich glaube, daß wir sie wiedersehen; ich bin absolut sicher, daß wir sie wiedersehen. Da gibt es für mich auch nicht den Schatten eines Zweifels, aber ich kann es den Skeptikern dennoch nicht beweisen. Ich kann es ebensowenig beweisen, wie jemand anderes den Gegenbeweis antreten könnte. So etwas läßt sich nicht beweisen wie ein Diagramm in der Geometrie oder die Schuld oder Unschuld eines Angeklagten vor Gericht. Es gibt keine Methode dafür. Eine solche Wahrheit erkennt man einfach durch den Glauben. Sie wird uns eingegeben in Form einer tiefgehenden Intuition oder Überzeugung. Natürlich könnte ich solide philosophische Argumente für meinen Glauben ins Feld führen, ein logisches System, das mindestens so vernünftig wäre wie die Gegenargumente jener, die anderer Ansicht sind – sogar noch vernünftiger, da bin ich zuversichtlich. Die Logik überzeugt mich, doch wenn ich die Unsterblichkeit ausschließlich auf der Basis kalter Logik akzeptieren müßte, würde sie mir wenig bedeuten. Wie James Martineau sagte: »Wir glauben nicht an die Unsterblichkeit, weil wir sie beweisen können, sondern wir können sie beweisen, weil wir gar nicht anders können, als an sie zu glauben.«

Daher ist es nicht meine Absicht, die These unserer Unsterblichkeit zu beweisen; ich möchte lediglich meinem Glauben Ausdruck verleihen. Ich glaube mit fester, unerschütterlicher Überzeugung an die Unsterblichkeit. Ich glaube, daß ich jene geliebten Menschen, die vor mir die Schwelle überschritten haben, eines Tages wiedersehen werde. Ich glaube, daß ein Moment kommt, wo alle Tränen ein Ende haben werden.

Nur Sie selbst können in sich den Glauben an die Unsterblichkeit entwickeln, denn sie läßt sich nicht experimentell oder mit Hilfe rationaler Argumente beweisen. Sie ist, und muß es für immer bleiben, eine tiefe Überzeugung oder ein Instinkt. »Der Glaube an die Unsterblichkeit«, sagt Horace Bushnell, »basiert auf dem Gefühl, daß sie uns von Gott geschenkt wurde, und nicht auf einem logischen Beweis.«

Ich kann Ihnen aber verraten, wie Sie Ihren Glauben stärken können. Dazu müssen Sie zwei Dingen tun: Erstens sollten Sie tief in die menschliche Seele blicken, nicht darauf, wie die Menschen zu sein scheinen, sondern darauf, wie sie tief im Herzen wirklich sind; zweitens sollten Sie sich dem Herzen Gottes nähern. Wenn man das Herz der Menschen aus der Nähe betrachtet, erkennt man dort Größe und eine fundamentale Güte. Eine oberflächliche Sicht des Menschen registriert lediglich seine vielen Schwächen und Unvollkommenheiten, doch eine tiefer gehende Betrachtung enthüllt eine Großartigkeit, über die Immanuel Kant sagte, sie habe ihn mit solcher Bewunderung und Ehrfurcht erfüllt, daß ihm der innere Wert des Menschen der Pracht des Sternenhimmels ebenbürtig erschien.

Zweifellos vermochte kein Schriftsteller die Menschen mit einem so sicheren Instinkt zu verstehen wie Shakespeare. Seine unfehlbare Menschenkenntnis machte ihn zum größten literarischen Genie aller Zeiten. Er hat gesagt: »Was für ein Meisterwerk ist doch der Mensch! wie edel an Verstand! wie grenzenlos in seinen Fähigkeiten! in Gestalt und Beweglichkeit wie vollendet und bewundernswert, und wie engelsgleich in seinem Handeln! in seiner Geisteskraft wie ähnlich einem Gott; die Schönheit der Welt! Erster unter den Geschöpfen!«

Wenn wir den Menschen auf solche Weise sehen, stimmen wir gewiß mit John Oxenham überein:

»In jeder Menschenseele
Finde ich etwas von Christus,
Etwas von Christus – und von dir;
Denn in uns allen wohnt ganz gewiß
Die Unsterblichkeit des Lebens.«

Der zweite Weg, um ein Gefühl für die Unsterblichkeit Ihrer Seele zu erhalten, besteht darin, sich dem Herzen Gottes zu nähern. Wenn negative Gedanken, nagende Zweifel, die Angst vor dem Tod, die Angst vor dem Verlust geliebter Menschen wie ein unheilvoller Nebel Ihre Seele verdunkeln, sollten Sie sich dem Herzen Gottes nähern und in Sein Gesicht aufblicken. Dann werden Sie wissen, daß es die Unsterblichkeit gibt.

Vor langer Zeit fuhr ich eines Abends mit meinem Vater und meiner Mutter auf dem alten Ohio-Flußdampfer *The Island Queen*, als ein heftiges Gewitter ausbrach. Wegen der Sturmböen hatte die Mannschaft Probleme damit, das Schiff an seinen Liegeplatz zu manövrieren, was bei den Passagieren beinahe eine Panik ausgelöst hätte. Die angespannte Atmosphäre an Bord, die Gewitterwolken, die Blitze, das alles erfüllte das Herz des kleinen Jungen, der ich damals war, mit Angst. Ich schaute über die Reling hinunter ins dunkle, aufgewühlte Wasser und fürchtete mich. Noch heute erinnere ich mich an den heilsamen Trost, den ich damals empfand, als ich mich an die Seite meines Vater schmiegte und in sein Gesicht aufschaute; als er mich voller Zuversicht anlächelte, verschwand meine Furcht. So können wir, wenn der Nebel, den wir auf unserem Gesicht spüren, uns verrät, daß sich unsere Reise auf dem stürmischen Meer des Lebens ihrem Ende nähert, wie Robert Browning in »Paracelsus« sagen:

»Wenn ich mich beuge
In ein dunkles, unermeßliches Wolkenmeer,
Dann nur vorübergehend; ich drücke die Lampe Gottes
Fest an meine Brust; ihr Glanz wird früher oder später
Die Finsternis durchdringen; eines Tages kehre ich zurück.«

Wie der erfahrene Lotse über den Sturm hinweg das Läuten weit entfernter Glocken hört, das andere nicht wahrnehmen, kann, wer die Wege Gottes und der Menschen kennt Botschaften von ewigen Ufern empfangen.

Wer tief ins menschliche Herz und ins Herz Gottes geschaut hat, wird dadurch sicher nicht allwissend, hat aber doch einen Abglanz, erste Anzeichen der Unsterblichkeit erfahren. Sich mit dieser Frage auf wissenschaftliche Weise zu befassen, ist unklug, weil sinnlos. Zum einen liegt sie außerhalb wissenschaftlicher Erklärungsmöglichkeiten; es handelt sich um eine Frage, die den wissenschaftlichen Horizont überschreitet. Sie überschreitet ihn, weil die Wissenschaft sich naturgemäß nur mit den Tatsachen der materiellen Welt befassen kann, mit dem, was sich messen, wiegen, genau beobachten und klassifizieren läßt. Die Tatsache der Unsterblichkeit fällt dagegen in die Zuständigkeit von Philosophie und Religion. Darüberhinaus sind wissenschaftliche Argumentationen für oder gehen den Glauben an die Unsterblichkeit praktisch nutzlos. Die Parapsychologen bemühen sich zwar um verifizierbare Forschungsresultate, aber die Beweise sind spärlich und wenig verläßlich. Das gegenteilige Bemühen einiger Forscher, die Unsterblichkeit wissenschaftlich eindeutig zu widerlegen, verdient ebenfalls wenig Beachtung, denn für gewöhnlich sind diese Studien das Papier nicht wert, auf dem sie geschrieben wurden. Die Wahrheit lautet schlicht und ergreifend, daß die Wissenschaft über keinerlei belegbare Daten verfügt.

Wenn wir uns dieser Frage aus einer streng wissenschaftlichen Perspektive nähern, können wir bestenfalls eine Kette von Beweisen gegen eine andere abwägen und daraus dann ableiten, was wir wollen. Das führt uns natürlich prompt wieder zurück in den Bereich des Glaubens. In diesem Zusammenhang sollte man sich daran erinnern, daß die Wissenschaft selbst von Ahnungen, Inspirationen, sogar vom Glauben abhängig ist. So hat Lord Kelvin vor langer Zeit gesagt, daß der Wissenschaftler, wenn er am Ende seiner Beweisführung angekommen sei, einen kühnen Sprung wagen müsse, um schließlich zur Wahrheit zu gelangen. Wenn sich also sogar die Wissenschaftler von Ahnungen leiten lassen, dann dürfen wir auf diesem Gebiet gewiß auf den Wert und die Genauigkeit unserer Ahnungen bezüglich der Unsterblichkeit vertrauen. Es ist ein Zeichen großer Vernunft, wenn James Russell Lowell in »The Cathedral« erklärt: »Manchmal erahnen wir einen weiteren geistigen Horizont, deuten sich uns schier grenzenlose Möglichkeiten an.«

Viele Menschen von hohem Ansehen haben sich dazu bekannt, daß sie die Wahrheit der Unsterblichkeit intuitiv erspürten. Unsere herausragendsten Geister und empfindsamsten Seelen sind diesem Unsterblichkeitsinstinkt mit kindlichem Glauben gefolgt. John Morley beendet sein *Book of Recollections* mit sehr mutigen Abschiedsworten: »Nun heißt es, nach Hause zurückkehren und in die anbrechende Dunkelheit.« Welches Zuhause hat er damit wohl gemeint? Gewiß jenes, das uns von Jesus verheißen wurde: »Ich werde euch einen Ort bereiten.«

Alfred Tennyson, eine der herausragenden Persönlichkeiten unseres angelsächsischen Erbes, ruft in tiefem Glauben aus:

»Du wirst uns nicht dem Staube überlassen,
Du hast den Menschen erschaffen, er weiß nicht,
    warum;
Er glaubt, daß er nicht erschaffen wurde, um zu
    sterben.
Du hast ihn erschaffen; du bist gerecht.«

Robert Louis Stevenson, dieser trotz schwerer Krankheit fröhliche und ewig jugendliche Geist, erwartete auf seiner Insel im Pazifik den Tod mit den folgenden tapferen Worten:

»Die Brise aus dem geheiligten Land
Weht plötzlich den Strand herauf
Und klopft an meine Hütte –
Ich höre das Signal, Herr,
Ich verstehe;
Die Nacht, in der du mich zu dir befiehlst,
    kommt;
Ich werde essen und schlafen,
Und ich werde keine Fragen mehr stellen.«

Können alle diesen großen Persönlichkeiten irren? Ist es möglich, daß sie und zahllose andere, weniger berühmte Männer und Frauen einer Täuschung erlegen sind? Können die erhabenen Eingebungen dieser feinfühligen Menschen falsch sein? Wer von uns hätte nicht schon, wie Hiob, ausgerufen: »Kommt ein Mensch um – wo ist er?«

Wir haben die Argumente dafür und dagegen abgewogen, haben uns die Beweise angeschaut, den Horizont der Jahre abgesucht und doch keine befriedigenden Antworten erhalten. Dann endlich, im Reich des Glaubens, haben wir, klar und hell wie eine silberne Glocke, eine Stimme gehört, in der absolute Autorität mitschwingt, die Stimme Jesu: »Wenn es *nicht* so wäre, hätte ich euch das gesagt.« Folglich dürfen wir darauf vertrauen, daß die tiefsten Eingebungen und der größte Glaube der menschlichen Seele uns nicht trügen. Der Glaube an die Unsterblichkeit ruht auf dem Fundament zweier großer Tatsachen – dem, was Gott ist, und dem, was der Mensch ist. Er findet seine Bestätigung im Wert des Menschen und im Charakter Gottes.

Welche Werte im menschlichen Dasein weisen auf das ewige Leben hin? Da ist als erstes die Begeisterung des Menschen für die Schönheit, von der er sich unwiderstehlich angezogen und angeregt fühlt. Sie macht ihm jene andere, innere Schönheit bewußt. Er blickt vielleicht an einem klaren Morgen auf Mount Shasta und sieht den mächtigen Berggipfel über den bewaldeten Hängen Kaliforniens aufragen, gehüllt in einen Hermelinmantel aus Schnee, der in der Sonne glitzert wie Myriaden von Diamanten. Wasserfälle ergießen sich von dort oben in das große, steile Tal, dessen murmelnde Flüsse sich zum Ozean hinabwinden. Er sieht und hört und wird sich der Großartigkeit und Reinheit der Welt bewußt. Dadurch wird er sich zugleich der Größe und Reinheit seines eigenen Herzens bewußt. Er steht am Rand des Grand Canyon in der frischen Luft des Hochlandes von Arizona und beobachtet, wie die strahlenden goldenen und roten Farbtöne in den unheimlichen, länger werdenden Schatten verschmelzen, bis schließlich purpurne Dämmerung sanft die Türme, Dome und Minarette der gewaltigen Schlucht einhüllt. Inmitten dieser mächtigen Stille, wo die Natur unmittelbar vor seinen Augen ihre Geschichte in die Felsen gräbt, wird er von Ehrfurcht ergriffen und empfindet eine tiefe Verwandtschaft zwischen dieser uralten Welt und seiner eigenen Seele. Er wandert durch große Wälder und wird sich, während er den unzähligen Klängen des Lebens lauscht, der heilenden Kraft der Natur bewußt. Er sitzt neben einem Baum und sieht das Sonnenlicht sich durch die Zweige hinunter auf den dunklen Erdboden ergießen. Und er spürt nicht nur, wie William Wordsworth oberhalb von Tintern Abbey, eine Gegenwart, die ihn mit der Freude erhabener Gedanken aufwühlt, sondern auch etwas sehr viel tiefer die Welt Durchdringendes, das alle Dinge durchströmt und schließlich in seiner eigenen Seele zur Ruhe kommt.

Ein anderer Wert im Menschen, der auf die Unsterblichkeit hinweist, ist seine Reaktion auf das Ideal – auf das Gute. Phillips Brooks hat dazu einmal etwas Großartiges gesagt: »Das Streben nach dem idealen Leben läßt uns nicht los. Es liegt uns im Blut und wird nie zur Ruhe kommen.« Der Mensch mag bei diesem Streben scheitern oder sich seinen inneren Regungen widersetzen, aber Entkommen kann er der immer wieder aus seiner Seele aufsteigenden Aufforderung, sich um ein ideales Leben zu bemühen, nicht. Sie wird ihn ewig locken. Woher kommen diese mystischen Impulse, die uns veranlassen, nach dem Guten zu streben? Gewiß aus der Göttlichkeit tief in unserer Brust, die immer nach den reinen Höhen des Lebens strebt, uns beharrlich aufwärts treibt. Läßt nicht allein das Vorhandensein dieser Göttlichkeit darauf schließen, daß sie das entscheidende Kriterium für die Charakterisierung des menschlichen Lebens ist?

Auch die Fähigkeit des Menschen zu Erkenntnis und Intuition zeugt von seiner Unsterblichkeit. Intuition kann man als jenes Wissen definieren, das höher ist als die Vernunft. Intuition ist die höchste menschliche Gabe. Sie vermag in Bereiche vorzudringen, in die der Verstand nicht folgen kann. Sie geht dem intellektuellen Prozeß voraus und ist daher entscheidender für unser Handeln. Der große Denker Henri Bergson erkannte die Gültigkeit der Intuition. »Um die Wirklichkeit zu begreifen«, sagte er, »braucht es noch eine andere Fähigkeit als den Intellekt.« Auch Ralph Waldo Emerson betont, wie wichtig es ist, daß wir unsere Intuition respektieren: »Wenn Gott seinen Kindern eine Lektion erteilen will, läßt er die Instinkte für sich argumentieren.«

Ein-, zwei-, vielleicht dreimal im Leben hören wir in einer Notsituation, oder wenn uns besonders schwere Sorgen drücken, eine beruhigende Stimme. Dann schließen wir die Augen und bekommen eine Ahnung von der Ewigkeit. Wir Christen glauben, daß Er es uns gesagt hätte, wenn diese Ahnungen und Instinkte falsch wären. Unser Glaube an die Unsterblichkeit gründet sich auf die Verläßlichkeit Christi. Er kannte unsere Sehnsüchte und verstand unsere intuitiven Empfindungen. Wäre das, worauf sie hindeuten, objektiv nicht vorhanden, hätte er uns das gesagt. Ganz im Gegenteil, auch wenn er uns das Leben nach dem Tode nicht erklärte, schenkte er uns doch eine erhabene Hoffnung, indem er uns aufforderte, unserer Intuition zu vertrauen: »Wenn es *nicht* so wäre, hätte ich euch das gesagt.«

Der zweite starke Hinweis auf die Realität der Unsterblichkeit findet sich im Charakter Gottes. Wegen dem, was Gott augenscheinlich ist, glauben wir, daß die Seele nicht erschaffen wurde, nur um dann vernichtet zu werden. Wir glauben, daß er intelligent ist, und überall im Universum finden sich Beweise, die diesen Glauben stützen. Gesetz, Ordnung und vollkommene Präzision weisen auf das Vorhandensein von Intelligenz hin. Schauen Sie sich einen Wolkenkratzer an, der fünfzig, sechzig, siebzig Stockwerke in den Himmel ragt. Bei seinem Bau wurden Zentimeter für Zentimeter die Gesetze der Physik angewendet. Wäre es da nicht sehr dumm, zu behaupten, dieses gewaltige Universum, unendlich viel ausgeklügelter und komplizierter als jede von Menschen gemachte Konstruktion, sei ohne das Wirken einer persönlichen Intelligenz enstanden? Zudem wird jeder intelligente Mensch die tiefere Bedeutung der Dinge erkennen und für die Bewahrung von Werten eintreten. Wenn eine Person verschwenderisch oder zerstörerisch, ja bereits wenn sie nachlässig ist, wird dadurch ihre intellektuelle Kapazität in Frage gestellt.

Betrachten Sie einmal die Werte, die Gott geschaffen hat. Er hat Menschen wie Shakespeare, Milton, Aristoteles, Sokrates, Lincoln und eine Vielzahl anderer, weniger bekannter erschaffen, Menschen mit strahlender Persönlichkeit und großer Kreativität. Wäre es ein Zeichen von Intelligenz, solche wunderbaren Schöpfungen nach sieben oder acht Jahrzehnten wieder zu zerstören? Würde Gott etwas tun, was kein intelligenter Mensch je täte? Das ist kaum vorstellbar. Nein, Emerson hat recht: »Solange Gott lebt, muß das, was exzellent ist, auch dauerhaft sein.«

Wir betrachten Gott als Vater, liebevoll und gerecht. Jesus hat das gesagt, und wegen Jesus, seiner Güte und Hingabe, der Schönheit seines Lebens, glauben wir, daß Gott tatsächlich so ist. Könnte ein Vater seine Kinder von sich stoßen? Da mag man natürlich die Frage stellen nach den vielen Schmerzen und Sorgen in dieser Welt. Wenn Gott ein Vater ist, wieso läßt er es dann zu, daß seine Kinder so leiden müssen? Hierbei muß ich an meinen eigenen Vater denken. Er liebte mich; er hätte sein Leben für mich hingegeben; er hat viele Dinge für mich geopfert, doch ich erinnere mich an ein Zimmer, in das mein Vater und ich uns gelegentlich zurückzogen, wo er mir eine gehörige Tracht Prügel verabreichte, gefolgt von der uralten elterlichen Entschuldigung, daß es ihm mehr weh getan habe als mir. Ich brauchte diese elterliche Maßregelung, sonst wäre ich zum Weichling geworden und hätte nie ganz begriffen, wie wichtig Disziplin im Leben ist. Aber ebenso erinnere ich mich an viele Augenblicke, in denen mein Vater mir sanft und liebevoll über den Kopf strich oder schützend den Arm um mich legte.

So betrachtet sind Erwachsene nur groß gewordene Kinder, und wenn der Große Vater des Universums sie diszipliniert, sollten sie daraus nicht den Schluß ziehen, daß Liebe nicht existiert. Die Liebe, die Gott uns zugesichert hat, führt uns zuletzt wieder zu jenem wunderbaren, uns in der Frage der persönlichen Unsterblichkeit Sicherheit gebenden Satz zurück: »Wenn es *nicht* so wäre, hätte ich euch das gesagt.«

Ich bitte Sie daher nicht, irgendeiner ausgeklügelten und logisch begründeten Argumentation zu folgen, sondern zu glauben – wie ein kleines Kind zu glauben, daß nichts zu schön ist, um wahr zu sein. John Greenleaf Whittier verlieh diesem Glauben Ausdruck:

»Gerecht ist er, der all unsere Bedürfnisse kennt.
Darum wird die Liebe träumen und der Glaube vertrauen,
Daß irgendwie und irgendwo wir einander wiedersehen.

Wehe dem, der niemals über Zypressenbäumen
Den Sternenhimmel leuchten sieht,
Der ohne Hoffnung seine Toten begräbt
Und nie über dem traurigen Marmor
Die Morgensonne aufgehen sieht;
Der in Stunden des Glaubens nie kennengelernt hat
Diese Wahrheit, den Sinnen und dem Fleische
    fremd --
Daß das Leben Herr ist über den Tod
Und die Liebenden einander niemals verlieren.«

Denken Sie immer an jene Worte aus der Bibel: »Wenn es *nicht* so wäre, hätte ich euch das gesagt.« Damit ist gemeint, Sie sollen auf jenen Instinkt Ihres Herzens vertrauen, der Ihnen sagt, daß Sie irgendwo, irgendwie jene, die Sie lieben, wiedersehen werden, in einem Land, wo es keine Sorgen und Leiden gibt, und wo »Gott alle ihre Tränen trocknen wird«.

Zweites Kapitel

Eine größere Herrlichkeit erwartet uns

»Das Faszinierendste an uns ist unsere Fähigkeit, fasziniert zu sein.« Diese scharfsinnige Bemerkung über die menschliche Natur stammt von dem berühmten Psychiater Sigmund Freud. Selbst in unserem heutigen verbildeten und gleichgültigen geistigen Klima verfügt der Mensch noch immer über die Fähigkeit, fasziniert zu sein. Das jüngste Ziel unserer Faszination ist der Weltraum, der die Menschheit nach wie vor magisch anzieht.

Aber Freud bezog sich auf die fundamentale Fähigkeit der Menschheit, fasziniert von unserem inneren Raum zu sein, jenem gewaltigen Gebiet in unserem Geist, wo wir uns mit Gott, Christus und der Unsterblichkeit beschäftigen, wo wir uns magisch angezogen fühlen von den Geheimnissen des Lebens und des Todes.

Vor langer Zeit verließ uns einer der größten Industriellen aller Zeiten, und ein wahrer christlicher Gentleman, Alfred P. Sloan, Jr., der Begründer der General Motors Corporation. Einige Jahre vor seinem Tod starb seine über alles geliebte Frau, und damals war Mr. Sloan untröstlich vor Kummer. Ich kannte ihn flüchtig, und er bat mich um einen Besuch. Ich fuhr in die Fifth Avenue zum Apartment dieses bemerkenswerten Mannes und wurde in sein Wohnzimmer geführt. Dort stand ich ihm gegenüber. Er hatte ein Gesicht wie ein Granitfelsen, stark, zerfurcht. Ich wußte, er hatte eines der gewaltigsten Industrieunternehmen dieses Landes aufgebaut und gehörte zu den brillantesten Organisatoren und Ingenieuren unserer Nation. Es hieß, Mr. Sloan habe sein Leben gemäß den folgenden Prinzipien geführt: »Verschaffe dir die Fakten. Erkenne die Interessen aller Beteiligten an. Sei dir bewußt, daß es gilt, deine Arbeit jeden Tag ein Stück besser zu tun. Bewahre eine offene Geisteshaltung und arbeite hart. Letzteres ist besonders wichtig. Es gibt keine Abkürzungen.«

Er fixierte mich mit seinem durchdringenden Blick und begann unsere Unterredung mit den Worten: »Ich will Ihnen eine Frage stellen, und ich will eine klare Antwort. Ich will keine Ausflüchte und Zweideutigkeiten. Ich will ein eindeutiges Ja oder Nein, auf der Basis klarer Fakten.«

»Ich werde Ihre Frage beantworten, Mr. Sloan, wenn ich die Antwort weiß«, erwiderte ich.

»Meine geliebte Frau ist gestorben. Sie bedeutete mir alles.« (Nebenbei gesagt, es ist bemerkenswert, daß ein so starker Mann, ein so dominierender Charakter zugleich wie ein Kind sein und ganz von seiner Frau abhängen konnte. Das war aufschlußreich, bewegend, menschlich.) Er sagte: »Sie bedeutete mir alles. Was ich von Ihnen wissen will, ist folgendes: Werde ich sie wiedersehen?«

Ich schaute ihm offen ins Gesicht und sagte: »Die Antwort ist: Ja.«

»Ich wußte, daß Sie so antworten würden«, sagte er. »Ich glaube ebenfalls, daß die Antwort Ja lautet.« Dann saß er dort und redete mit mir. Ich kann das jetzt erzählen, denn er ist längst zu Gott gegangen. Er sprach davon, was Christus für ihn bedeutete. Ich erinnere mich, daß er sagte: »Jesus Christus hat mich immer fasziniert. Es hat nie wieder jemanden wie Ihn gegeben.«

Oder nehmen Sie meinen Onkel Will. Ich habe Onkel Will immer geliebt. Er arbeitete in Texas in der Ölförderung und war damit sehr erfolgreich. Er war ein ganzer Kerl, ein wirklich harter Bursche, und wie alle diese Pioniere besaß er ein großes Herz. Er war das einzige Mitglied der Familie Peale, das sich nicht bewußt darum bemühte, religiös zu sein. Er war religiös, aber er verschwendete keinen Gedanken darauf. Mein Onkel Will starb vor ein paar Jahren in New York an Kehlkopfkrebs. Einst hatte er eine eindrucksvolle Stimme. Ich hörte ihn einmal ohne Mikrofon zu vierzigtausend Menschen sprechen. Und sie hörten ihn bis in die letzte Reihe, eine wirklich gewaltige Stimme. Doch nun würden sie ihm den Kehlkopf entfernen. Ich würde seine natürliche Stimme nie wieder hören. Ich stand an seinem Bett und sagte: »Onkel Will, ich möchte, daß du weißt, daß ich nie einen Menschen so bewundert habe wie dich. Du bist ein Mann.«

Er blickte zu mir hoch und fragte: »Wird das denn nicht von uns erwartet?«

»Aber du besitzt so viel Stärke«, sagte ich. »Woher nimmst du sie?«

»Norman, ich bekomme sie von dem Gott, von dem du all die Jahre gesprochen hast.«

»Du meinst, Gott ist dir nahe?«

»Wenn er das nicht wäre, könnte ich diese Sache hier nicht durchstehen.« Dann fuhr er fort: »Ich möchte, daß du mit mir betest. Ich will keines von diesen neumodischen Gebeten voller gestelzter Worte. Ich möchte, daß du mit Jesus sprichst wie Grandma früher.« Seine Mutter, meine Großmutter, war eine altmodische, eine sehr altmodische religiöse Frau gewesen. »Kannst du jetzt zu Jesus sprechen«, fragte er, »wie sie es getan hätte?«

»Ich werde es versuchen«, sagte ich. Ich legte meine Hand auf seinen Kopf und betete zu Jesus wie Grandma gebetet hätte. Und dabei schaute ich ihn an. Er war nicht die Sorte Mensch, die zu Sentimentalitäten neigte. Aber er blickte zu mir hoch mit einem strahlenden Lächeln im Gesicht. Ich bückte mich und küßte ihn auf die Wange. Auf eine solche Idee wäre ich bei ihm sonst niemals gekommen. Er sah mich an und sagte: »Ich werde es schon schaffen – denn Gott ist bei mir.« Sehen Sie, mein Onkel Will war von Jesus fasziniert, und er kannte Gott.

Vielleicht sagen sogar Menschen, die behaupten, Gott sei tot, dies aus einer unerklärlichen Faszination heraus. Sie kommen einfach nicht von Ihm los. Sie haben Ihn verloren, aber sie strecken immer noch die Hand nach Ihm aus, denn auch sie haben die Fähigkeit, fasziniert zu sein.

In diesem Zusammenhang fällt mir oft ein Gedicht von Francis Thompson ein. Es trägt den Titel »The Hound of Heaven« (*dt.:* Der Jagdhund des Himmels):

> Ich floh vor Ihm, durch die Nächte und die Tage;
> Ich floh vor Ihm, durch den Raum meiner Jahre;
> Ich floh vor Ihm, durch das Labyrinth
> Meines Geistes; in Zeiten voller Tränen verbarg ich mich
> Vor Ihm und während vergänglicher Heiterkeit.
> Hochfliegende Hoffnungen rissen mich empor;
> Und dann schoß ich hinab
> In selbst heraufbeschworene Abgründe der Angst,
> Fliehend vor Seinen starken Füßen, die mir ewig folgten.
> Mit gelassenem Jagdinstinkt,
> Und sicherem, festen Schritt,
> Besonnenem Tempo, majestätischer Unverzüglichkeit,
> Sagten sie mir – und Seine Stimme sagte es mir
> Noch näher als die Füße -
> »Alle Dinge verraten den, der Mich verrät.«

Die Menschen sind von Ihm fasziniert, weil Er die Essenz des Lebens ist. Und wenn wir Ihn verlieren, dann sind wir wirklich verloren.

Jesus sagte: »Weil ich lebe, werdet auch ihr leben.« Manchmal trennen wir Zeit und Ewigkeit, als handelte es sich um zwei verschiedene Bereiche. Doch wir sind jetzt in der Ewigkeit; wenn wir also jetzt lebendig sind, dann haben wir das ewige Leben.

Vor einiger Zeit starb einer meiner Freunde. Er hieß Kobayashi. Er war Japaner und einer der liebenswürdigsten Menschen, der mir je begegnet ist. Seine Frau schickte mir ein Telegramm: »Kobay ist heimgegangen in die Herrlichkeit.« Und ich schickte ihr ein Telegramm, in dem ich ihr sagte, wie sehr ich Kobay gemocht hatte. Er war Textilfabrikant, erzogen in den Vereinigten Staaten, und sprach sehr gut englisch. Er war der internationale Vizepräsident des Rotary Clubs – der erste Asiat, den man nach dem zweiten Weltkrieg auf diese Weise ehrte.

Kurz nach Kriegsende hielt ich mich in Japan auf. Während meines Aufenthaltes dort besuchte ich mit meiner Frau Ruth, Kobayashis Frau Chizu und ihm selbst Miyanoshita, Japans wunderbare Thermalquellen. Wir verbrachten mehrere Tage dort. Eines Abends im Speisesaal des Hotels, als ich das Essen bezahlen wollte, mußte ich auf der Rechnung eintragen, in welchem Zimmer wir wohnten. Die Zimmer in diesem Hotel hatten keine Nummer, sondern trugen Blumennamen. Ich wohnte im Chrysanthemen-Zimmer, wußte aber nicht mehr, wie man Chrysantheme schreibt. Also fragte ich Kobay.

»Ich weiß es nicht«, antwortete er. »Warum nimmst du nicht das japanische Wort?«

»Wie heißt das?«

»Kiku, k-i-k-u.«

Das gefiel mir viel besser, und von da an benutzte ich während unseres restlichen Aufenthaltes immer das japanische Wort, wenn ich die Rechungen unterschrieb. An jenem Abend schien über den Hügeln der

Vollmond, und während wir dort im Speisesaal saßen, hatten wir ein langes, bewegendes Gespräch. Einmal sagte ich: »Ihr hattet noch einen anderen Sohn, nicht wahr?«

»Ja. Er fiel auf den Philippinen.«

Meine Frau und ich waren eben erst auf den Philippinen gewesen und hatten dort einen schönen amerikanischen Soldatenfriedhof gesehen, auf dem das Sternenbanner wehte und den Toten Ehre erwiesen wurde. »Wo ist dein Junge begraben, Kobay?« fragte ich.

»Wir wissen es nicht«, erwiderte er. »In einem namenlosen Grab, nehmen wir an, denn er hat gegen dein Volk gekämpft.«

»Ich weiß.«

»Er war Christ«, sagte Kobay. »Er wollte nicht dorthin gehen und kämpfen. Aber sein Kaiser erteilte ihm den Befehl. Er war Patriot und gehorchte, genau wie jeder junge, patriotische Amerikaner.«

»Am Abend bevor er abreiste«, sagte Chizu, »schenkte ich ihm eine kleine Bibel. Ich sagte: ›Liebling, nimm Jesus mit.‹ Und er sagte: ›Mutter, ich würde nie ohne Jesus gehen.‹ Ach«, fuhr sie fort, »ich weiß, daß er an einer Straße erschossen wurde und in einen Graben fiel. Diese Bibel war in seiner Tasche, und er starb in Jesus.«

Ich legte meine Hand auf Chizus Hand, und Kobay legte seine Hand auf meine. Ruth legte ihre Hand auf Kobays Hand. So saßen wir dort, ehemalige Feinde, Brüder in Christus, und teilten ein tiefes Gefühl der Hingabe und Verbundenheit. Ich halte das Andenken Kobays in Ehren, eines großen Christen einer anderen Rasse, der auf der Brücke des ewigen Christus meinen Pfad kreuzte.

Zuletzt möchte ich betonen, daß das ewige Leben etwas mit dem Leben hier zu tun hat. Das Leben in dieser Welt ist vital, pulsierend und kreativ. Christus kommt, um uns Leben zu geben, nicht nur in der Ewigkeit, sondern hier und jetzt. »Weil ich lebe«, sagte Er, »sollt auch ihr leben.«

Einmal, am Tag nach Ostern, traf ich in der Stadt zufällig einen meiner Freunde. Während wir im Aufzug hinunter zur Straße fuhren, sagte er: »Ich bin gestern nicht in die Kirche gekommen, Norman.«

»Warum nicht?« fragte ich.

»Nun«, fuhr er fort, »du weißt ja, daß mein Sohn gestorben ist. Ich habe das einfach noch nicht verkraftet. Also bin ich auf den Friedhof gegangen, um bei ihm zu sein.« Ich sah, welche Qualen dieser Mann durchlitt.

»Ich weiß, wie du dich fühlst, George. Aber laß mich dir sagen, daß dein Sohn nicht auf diesem Friedhof ist. Nur die sterblichen Überreste deines wundervollen Sohnes befinden sich dort.«

»Wo ist er dann?« fragte er.

»Er ist jetzt in diesem Moment hier bei dir, denn du hast ihn geliebt, nicht wahr? Er hat dich ebenso geliebt, und ihr wart beide in Christus. Er ist nicht auf diesem Friedhof.«

Wir gingen ein paar Blocks weit, ehe er wieder sprechen konnte. »Danke, daß du mich daran erinnert hast«, war alles, was er sagte.

Wenn geliebte Menschen von uns gehen, begraben wir ihre physischen Körper, die überflüssig geworden sind und abgelegt wurden wie verschlissene Mäntel. Die *Person* jedoch wechselt im Augenblick des Todes in einen himmlischen Körper über.

Ich weiß noch, wie meine Mutter starb, in einer Kleinstadt im Staat New York. Wir überführten ihren Körper zur Beisetzung nach Ohio. Auf der Reise mußten wir in Buffalo den Zug wechseln. Während ich mir auf dem Bahsteig die Beine vertrat, entdeckte ich auf einem Gepäckwagen die schattenhaften Umrisse einer Kiste. Ich ging hin und fürchtete mich fast davor, das

Schild daran zu lesen. »Überreste von Anna Peale« stand dort. Das war eine ziemlich unfeine Formulierung, beinahe abstoßend. Aber je mehr ich darüber nachdachte, desto mehr erkannte ich die wunderbare Botschaft in diesem Wort: In dieser Kiste befand sich lediglich die physische Form, die ich geliebt hatte, die meine Brüder und mein Vater und viele andere Menschen geliebt hatten. Aber meine Mutter selbst war nicht dort. Als ich später in Lynchburg vom Friedhof kam, wo ich ihren Körper zurückgelassen hatte, kamen mir die Worte aus dem Lukasevangelium in den Sinn: »Was sucht ihr den Lebendigen bei den Toten?«

In dieser Welt der Sterblichkeit erreicht uns die wunderbare Botschaft, daß uns nach einem sterblichen Leben, das hier in Christus beendet wird, eine größere Herrlichkeit erwartet, als wir es uns je erträumt haben. Verfall und Tod zählen dort nicht, sondern nur Leben und Hoffnung.

Drittes Kapitel

Die Seele stirbt nicht

Normalerweise befasse ich mich mit den persönlichen Problemen, die den Menschen im Alltag zu schaffen machen. Jetzt möchte ich einmal ein sehr großes Thema ansprechen – so groß, daß ich mich ihm nur mit einigem Zögern nähere – der Behauptung, daß wir ewig leben können.

Ich frage mich, wie Sie wohl reagieren, wenn ich Ihnen sage, daß inzwischen eindeutig feststeht, daß Sie nicht sterben werden. Von der christlichen Kanzel herab predigen wir das schon seit zwanzig langen Jahrhunderten. Doch jetzt stand kürzlich ein bedeutender Wissenschaftler auf der Rednertribüne des Rathauses von New York City und erklärte: »Gemäß den Mindeststandards der Wissenschaft sind wir bereit, die Seelen-Theorie als bewiesen anzuerkennen.« Dieser Satz kann sehr wohl als größte wissenschaftliche Erkenntnis des zwanzigsten Jahrhunderts betrachtet werden.

Als ich 1921 zu predigen begann, hatte ich das Gefühl, die Osterbotschaft gegen die Wissenschaftler verteidigen zu müssen, denn viele von ihnen hatten Gott aus dem Universum verbannt und behaupteten, Seine Gegenwart sei überflüssig. Doch heute befinden wir Geistlichen uns nicht länger in der Defensive. Wissenschaft und Religion haben sich verbündet und verteidigen die Osterbotschaft gemeinsam gegen altmodische Denker.

Tief in uns möchten wir alle gerne glauben, daß die Seele beim Tod nicht stirbt. Die Bibel versichert uns, daß dies zutrifft, und wir Angehörige des Klerus haben durch die Jahrhunderte an dieser Überzeugung festgehalten. Nun schließt sich die Wissenschaft unserem Glauben an. Ich bin überzeugt, daß sie eines Tages anerkennen werden, daß alles, was Jesus sagte, richtig ist und Seine Wahrheit der Anfang und das Ende aller Weisheit ist.

Wie ist die Wissenschaft zu diesen neuen Erkenntnissen gelangt? Vor fast hundert Jahren begann eine Reihe bedeutender Wissenschaftler, darunter A. R. Wallace, der unabhängig von Darwin das Prinzip der natürlichen Auslese entdeckte, F. W. H. Myers und die Amerikaner Josiah Royce und William James, sich mit der sogenannten »psychischen Forschung« zu befassen. Dann entwickelte sich die Psychologie als eigener Wissenschaftszweig, die definitionsgemäß die Erforschung der menschlichen Seele zum Ziel hat. Zu Beginn befaßte sie sich, beispielsweise im Behaviorismus, jedoch lediglich mit materialistischen Faktoren. Den Behavioristen standen Männer wie James und Royce gegenüber, die den gesamten Bereich menschlichen Denkens in ihre Forschungen einbezogen.

Vor über fünfzig Jahren wurde, angeführt von J. B. Rhine und anderen, die Parapsychologie entwickelt. Diese wissenschaftliche Erforschung der »Psyche« oder Seele schloß Phänomene ein, mit denen die Psychologie selbst sich nicht befaßte. Die Parapsychologen stellten die Frage: »Gibt es im Menschen einen spirituellen Faktor?« Unter Beachtung exakter wissenschaftlicher Methodik testeten sie die Fähigkeit von Versuchspersonen, mit verbundenen Augen herauszufinden, was auf einer Karte stand, die vor ihnen hochgehalten wurde. Dieses Experiment wurde tausendfach wiederholt. Sie untersuchten das Phänomen der Präkognition, die Fähigkeit, etwas zu sehen, das noch nicht geschehen ist. Ebenso erforschten sie die Retrokognition, die

Fähigkeit, etwas zu sehen, das in der Vergangenheit geschah. Wir alle haben diese Erfahrung schon gemacht. Plötzlich überkommt uns, während etwas geschieht, das Gefühl »schon einmal hier gewesen« zu sein. Oder wir sehen genau und mit fester Überzeugung vorher, daß etwas Bestimmtes geschehen wird.

Einmal, nach einem Vortrag, sah ich einen Mann zu mir nach vorne kommen. Ich war gerade dabei, einigen Zuhörern die Hände zu schütteln, und als ich ihn sah, wußte ich genau, was er zu mir sagen würde. Dann kam er und sagte es. Durch die Präkognition wußte ich es im voraus.

Die Parapsychologen untersuchten auch das Hellsehen und experimentierten mit der Telepathie. Schließlich, nach Tausenden von Experimenten, erklärte die American Society of Mathematics diese Forschungsergebnisse für unter mathematischen Gesichtspunkten eindeutig. Das bedeutet, die Parapsychologie hat bewiesen, daß es im Menschen etwas gibt, was nicht an Zeit und Raum gebunden ist, nicht an Entfernung oder Ewigkeit; daß ein Teil des Menschen Tod und Vernichtung widersteht.

In vielerlei Hinsicht ist die Parapsychologie zu einer der bemerkenswertesten Forschungszweige der heutigen Zeit geworden. Vier große Universitäten in den Vereinigten Staaten haben Doktorgrade für Forschungen auf diesem Gebiet vergeben.

Wir begrüßen es sehr, daß die heutige Wissenschaft spirituelle Wahrheiten untermauert. Doch schon früher haben viele Menschen während tiefgehender Erfahrungen die Existenz spiritueller Elemente gespürt. Charles Lindbergh beschreibt in seinem Buch *The Spirit of St. Louis,* wie er gegen den Schlaf ankämpfte, während er mit seinem Flugzeug den Ozean überflog. Körperlich und geistig rang er mit dem übermächtigen Bedürfnis nach Schlaf. Und er sagt, daß ihm während dieses

Kampfes ein dritter Teil seiner selbst bewußt wurde, der keinen Schlaf benötigte und unzerstörbar war. Dieser dritte Teil schwebte über seinem Geist und seinem Körper, wachte über sie und verlieh ihnen Stärke. Daß dieses dritte Element tatsächlich unzerstörbar ist, sieht die Wissenschaft heute als erwiesen an. Es handelt sich dabei um die unsterbliche Seele.

Bei ihren frühen Experimenten untersuchten die Wissenschaftler zunächst den Glauben, daß die Toten zurückkehren und mit den Lebenden Kontakt aufnehmen können. Der erste Fall dieser Art, der in den Vereinigten Staaten für Aufmerksamkeit sorgte, hatte mit einem sogenannten Gespenst und einem Testament zu tun. Ein Mann namens Chaffin, der 1921 in North Carolina starb, hatte 1905 ein Testament aufgesetzt, in dem er sein gesamtes Vermögen seinem jüngsten Sohn Marshall vermachte. Die Familie war darüber sehr empört, da sie glaubte, Chaffins Grundbesitz hätte James, dem ältesten Sohn, zugestanden. Eines Nachts hatte John, der zweite Sohn, einen Traum, in dem ihm sein Vater erschien, mit demselben langen, schwarzen Mantel bekleidet, den er seit über zehn Jahren getragen hatte. In dem Traum öffnete der Vater den Mantel und zeigte auf die Innentasche.

John erwachte in kalten Schweiß gebadet. Er erinnerte sich, daß James nun diesen Mantel besaß. Er fuhr die zwanzig Meilen zu James' Haus und erzählte ihnen von seinem Traum. James' Frau holte den Mantel. Mit zitternden Fingern faltete John ihn auseinander und stellte fest, daß die Innentasche zugenäht war. Er riß sie auf und entdeckte darin einen Zettel. »Lies das siebenundzwanzigste Kapitel der Genesis in der alten Bibel meines Daddys«, stand darauf.

Der »Daddy« ihres Vaters, ihr Großvater, war Prediger gewesen. Seine Bibel befand sich in einem anderen Landkreis. Beide Söhne fuhren dorthin und untersuchten die Bibel. Zwischen den Seiten des genannten Kapitels der Genesis entdeckten sie ein späteres Testament, in dem Chaffin sein Vermögen zu gleichen Teilen an alle seine Kinder vermachte. Sie gingen mit diesem Testament vor Gericht. Nach den Gesetzen von North Carolina brauchte ein Testament nicht notariell beglaubigt zu werden, wenn es eindeutig in der Handschrift des Verstorbenen aufgesetzt war, was von allen zweifelsfrei bestätigt wurde. Das erste Testament wurde außer Kraft gesetzt und stattdessen das zweite anerkannt.

Die Wissenschaftler werteten diesen Fall als Beleg dafür, daß der alte Mann noch lebte und Anteil am Schicksal seiner Familie nahm. Andere Experimente deuten darauf hin, daß heute Menschen mit einer hoch entwickelten Psyche in der Lage sind, mit denen von der anderen Seite zu kommunizieren. Zu den berühmtesten dieser Phänomene gehört der Fall von Patience Worth. Vor einigen Jahren experimenterte in St. Louis eine Frau namens Kern zusammen mit einer Freundin mit einem Ouija-Brett. Mrs. Kern empfing dabei Botschaften von einer Frau, die sich selbst Patience Worth nannte und behauptete, im siebzehnten Jahrhundert gelebt zu haben. Die Sprache, die historischen Details, alles, was sie berichtete, traf nach dem Urteil hinzugezogener Historiker einwandfrei zu, wobei Mrs. Kern alle diese Dinge selbst unmöglich wissen konnte. Patience Worth diktierte Mrs. Kern Gedichte, die veröffentlicht wurden und von anerkannten Literaturexperten als exzellent eingestuft wurden.

Dann gibt es den Fall von Edgar Cayce, der in Virginia lebte. Er diagnostizierte in Trance fünfzehnhundert medizinische Fälle. Obwohl er über keinerlei medizinische Kenntnisse verfügte, diktierte er seine Diagnosen in medizinischen Fachbegriffen. Er wurde von erfahrenen Medizinern überprüft, wobei sich herausstellte, daß seine Diagnosen außergewöhnlich genau zutrafen. Er war ein einfacher, frommer, spiritueller Mensch, und niemals nahm er für seine Dienste Geld.

In seinen frühen Tagen hatte Cayce ein sehr unerfreuliches Erlebnis. Als er herausgefunden hatte, daß er die Zukunft vorhersagen konnte, teilte er einem Mann die Ergebnisse eines Pferderennens mit. Der Mann gewann am ersten Tag fünfzig Dollar, am zweiten achtzehn und so weiter, bis er schließlich über zweihunderttausend Dollar gewonnen hatte. Dann fing er an zu trinken und wurde schließlich verrückt, etwas, was zweifellos ohnehin geschehen wäre, aber Cayce setzte seine Gabe seither nie wieder zum Zwecke des Profits ein.

Wir sollten uns über solche Erfahrungen nicht lustig machen. Sich mit den Fähigkeiten des menschlichen Geistes zu beschäftigen ist eine ernste Angelegenheit. Die Kirchen haben immer schon gesagt, daß die Seele ewig lebt, aber sie waren nicht in der Lage, diese Tatsache wissenschaftlich zu beweisen. Sie glauben an die Autorität von Jesus Christus, dem historischen Jesus, bei dessen physischen Tod es viele Zeugen gab. Und viele wurden damals Zeugen seiner Auferstehung. Durch diese Ereignisse hat uns Jesus bewiesen, daß jenes Element, das wir Seele nennen, unzerstörbar ist.

Ein schwer an Tuberkulose erkranktes Mädchen (es handelt sich hierbei um einen gut belegten Fall) befand sich kurz vor ihrem Tod in einem Zustand tiefer Bewußtlosigkeit, als man sie laut ausrufen hörte: »Ich sehe Susan, Ellie, Barry!« Das waren ihre drei Schwestern, die alle schon vor einiger Zeit verstorben waren. Dann sagte sie: »Ich sehe Edward. Ich wußte gar nicht, daß Edward auch dort ist!«

Davon wußte auch niemand sonst in der Familie etwas. Doch drei Wochen nach dem Tod des Mädchens erhielten sie einen Brief aus dem weit entfernten Land, in dem Edward sich zuletzt aufgehalten hatte: Edward war zwei Wochen vor seiner Schwester gestorben.

Viele Sterbende haben uns gesagt, daß das, was sie auf der anderen Seite »sehen« sehr schön ist. Und oft sprechen sie davon, daß sie dort geliebte Menschen »sehen«. Christen haben diese Wahrheit schon lange akzeptiert. Und nun macht sogar die Wissenschaft uns klar, daß jeder, der nicht an die Unsterblichkeit, die Todlosigkeit der Seele glaubt, in seinem Denken altmodisch ist, nicht auf der Höhe der Zeit.

Jesus Christus hat uns dies schon vor zwanzig Jahrhunderten gesagt. Und je eher die Welt erkennt, daß alles andere, was er sagte, ebenfalls wahr ist, daß Jesus Christus der weiseste, scharfsinnigste Denker war, der je gelebt hat, desto besser ist es für die Welt. Jeder von uns, der schon einmal Abschied von Vater oder Mutter, Schwester, Bruder, Mann, Frau oder Kind nehmen mußte, weiß, wie schwer einem dabei das Herz wird. Das ist verständlich, denn wir sind Menschen. Aber unser Herr und Erlöser sagt, daß sie immer noch bei uns sind. Jetzt sagen uns auch große Gelehrte, daß diese geliebten Menschen immer noch bei uns sind.

So ist die größte Wahrheit, die in der Geschichte der Welt je verkündet wurde, heute von Religion, Philosophie und Naturwissenschaft gleichermaßen als absolut vertrauenswürdig anerkannt worden. Glauben Sie daran! Diese größte aller Wahrheiten lautet: »Ich bin die Auferstehung und das Leben. Wer an mich glaubt, der wird leben, ob er gleich stürbe. Und wer da lebt und glaubt an mich, der wird niemals sterben.« (Johannes 11, 25–26) Seien Sie also glücklich; freuen Sie sich; leben Sie kraftvoll; leben Sie, wie es Menschen angemessen ist, die niemals sterben!

Viertes Kapitel

Bewohner der Ewigkeit

Das Aufregendste, was je in diese Welt kam, ist jenes System aus Gedanken und Taten, das als Evangelium Jesu Christi bekannt ist. Natürlich meine ich damit nicht die dumpfen, leblosen, antiquierten Bräuche, die, Gott helfe uns, manchmal mit dem Christentum assoziiert werden. Ich beziehe mich vielmehr auf jene glorreiche Sache, die in Galiäa und Judäa begann, sich wie ein heiliges Feuer von Herz zu Herz verbreitete, die ganze antike Welt erfaßte und die Geschichte der Menschheit für immer veränderte – die schwungvolle, vitale, unverwüstliche Spiritualität, das reine Evangelium unseres Herrn Jesus Christus. Nie hat es etwas Vergleichbares gegeben.

Überlegen Sie, was Ihnen das Evangelium anbietet – welche unglaublichen Segnungen es uns Menschen schenkt! Die Bibel selbst ist so erstaunt über die gegebenen Verheißungen, daß ihr die Worte ausgehen und geschrieben steht: »Kein Auge vermag zu erschauen, kein Ohr zu hören, keines Menschen Herz zu erahnen, was Gott jenen bereitet, die ihn lieben.«

Was bietet uns das Evangelium an? Da wäre Mut statt Angst; dann Stärke statt Schwäche, Vitalität statt Krankheit, Liebe statt Haß. Die größten Segnungen, die es auf Erden geben kann, eine nach der anderen – was für ein Evangelium! Wie aufregend das ist! Und der Höhepunkt von allem ist dieses unglaubliche Angebot des ewigen Lebens anstelle des Todes. Es sagt uns, daß wir Bewohner der Ewigkeit sind. Weiterhin sagt es uns, daß die Ewigkeit uns nicht irgendwann in ferner Zukunft erwartet, wenn wir hier auf Erden gestorben sind, sondern daß wir bereits jetzt in der Ewigkeit sind. Der Mensch richtet im an sich gleichbleibenden Fluß der Zeit kleine Unterteilungen und Schranken auf, die er dann Jahre, Jahrzehnte, Jahrhunderte, Zeitalter nennt; doch in Gottes ewig währendem Fluß der Zeit gibt es keine Unterteilungen. Bereits jetzt sind Sie ewig.

Die Heilige Schrift sagt uns, wie wir dieses erstaunliche ewige Leben, das Gott uns anbietet, erlangen können. Es ist sehr einfach: »Wer den Sohn hat, hat Leben...« Wenn Sie Jesus Christus in Ihrem Herzen haben, leben Sie in der Ewigkeit. »Und das ist das ewige Leben, daß sie dich, den einzig wahren Gott, kennen, und Jesus Christus, den du gesandt hast.« Und dann sind da die folgenden großartigen Worte: »Ich bin die Auferstehung und das Leben. Wer an mich glaubt, der wird leben, ob er gleich stürbe. Und wer da lebt und glaubt an mich, der wird niemals sterben.« Ich sage Ihnen, das ist die größte Botschaft, die in der ganzen Menschheitsgeschichte je verkündet wurde! Durch Christus können Sie in ein Leben eintreten, das sogar den Tod besiegt.

Glücklicherweise gibt es Menschen, die mehr tun, als einfach nur diesen Worten zu lauschen. Sie nehmen das Angebot wirklich an. Einer von ihnen war mein guter Freund Eli J. Perry, ein angesehener Anwalt aus Kinston in North Carolina. Dieser Mann war ein hervorragender Jurist, der sein Studium an der Universität von North Carolina und an der Harvard Law School mit Auszeichnung abschloß. Er war ein aktiver Bürger seiner Gemeinde, der wegen seines ausgleichenden Wesens und seines scharfen Verstandes allseits geachtet wurde. Er besaß die beste religiöse Bibliothek, die ich je in einem Privathaushalt gesehen habe. Und in langen Jahren religiöser Praxis machte er sich mit Jesus vertraut. Er kannte ihn wirklich. Das geht aus einem

Brief hervor, den sein Sohn Dan mir schrieb, als Perry gestorben war:

»Mein Vater ist gestern hinübergegangen. Er betrachtete diesen Übergang als ein wunderbares und schönes Ereignis. Nachdem die Ärzte ihn über seinen ernsten Gesundheitszustand informiert hatten, sagte er uns mehrfach: ›Jungs, ich werde nun bald die tollste Erfahrung machen, die einem Menschen widerfahren kann, ganz egal, wie die Sache ausgeht. Wenn es Gott gefällt, mich zu heilen, werde ich anschließend die Freude haben, Zeugnis abzulegen als einer, der hinab ins Tal gestiegen und dann zurückgekehrt ist. Wenn Gott mich aber zu sich nach Hause ruft, dann werde ich das Schönste erleben, was es im Leben gibt. So gewinne ich also in jedem Fall, wie man es auch betrachtet.«

Nun, an seinem Todestag diktierte Eli Perry fünf Briefe. Einer davon war an mich gerichtet. Darin heißt es: »Lieber Norman: Dies ist ein Brief, den ich dir wirklich nur ungern schreibe, und doch ist es auch ein fröhlicher Brief. Vor ungefähr zwei Monaten haben die Ärzte bei mir einen bösartigen Lungentumor entdeckt, und ich erhielt im Krankenhaus Kobalt-Bestrahlungen.

Doch das Leben wird mit jedem neuen Tag wunderbarer. Es ist voller Freude, trotz der Beschwerden und Schmerzen in meinem Körper, denn ich weiß, ich bin eins mit Gott. Ich weiß, daß Er mein Vater ist, und ich weiß, daß das Leben ewig währt und der Geist Gottes in mir wohnt. Ich bin unsterblich. Ich lebe jetzt in der Unsterblichkeit, und werde immer in ihr leben. Weißt du, Jesus ist das großartigste Individuum, das je gelebt hat. Das wird mir Tag für Tag stärker bewußt. Gesegnet sei Sein Heiliger Name. Ich spreche mit Ihm, immer wieder, und Er ist einfach wunderbar. Ich weiß, wovon ich rede. Christus ist die Antwort auf alle unsere Probleme. Wie wunderbar das doch ist!

Gott segne dich und Ruth. Ich habe euch beide immer geliebt. Gerne hätte ich noch einmal etwas Zeit mit euch verbracht, aber so ist das Leben. Doch ich muß gar nicht physisch bei euch sein, meine Freunde, denn im Geiste bin ich immer bei euch. Ich bin unsterblich.«

Eli Perry ist ein Beispiel dafür, welche Menschen Jesus Christus hervorbringt – solche, die auf das Evangelium hören, daran glauben und es akzeptieren. Wie aufregend ist doch das ewige Leben!

Und warum ist diese aufregende Botschaft so glaubwürdig? Zum einen ist der Glaube an die Unsterblichkeit des Menschen intellektuell vernünftig und beweisbar. Mein guter Freund, der verstorbene Don Belding, war ein großer Geschäftsmann und zugleich ein scharfsinniger Denker. Auch er schlug sich mit einer Krebserkrankung herum. In einem Brief beschrieb er mir die Beweise, die er für unsere Unsterblichkeit gefunden hatte. Er baute seine Argumentation auf mehreren Gesetzen auf.

Eines dieser Gesetze ist das Gesetz der Gegensätze, das die universale Ordnung im Gleichgewicht hält. Es gibt oben und unten, warm und kalt, naß und trocken, Nacht und Tag, Sonnenuntergang und Sonnenaufgang. Es gibt Materielles, also muß es, gemäß der Natur der Dinge, auch Spirituelles geben. Wenn der Mensch materiell ist, dann ist er, berücksichtigt man die wissenschaftliche Logik, zwangsläufig auch spirituell.

Es gibt das Gesetz der Wiederholung. In allen Menschen wiederholen sich bestimmte physische Merkmale. Ein Sohn ähnelt seinem Vater. Eine Tochter ähnelt ihrer Mutter. Da ist die gleiche sanfte Stimme. Die gleiche Körperhaltung, die gleichen Verhaltensweisen.

Dann gibt es das Gesetz der Umwandlung. Angenommen, wir nehmen eine von diesen Kirchenbänken hier und verbrennen sie, haben wir sie damit zerstört? Die Bank als solche ja; aber nicht ihre Substanz: Das

Feuer wandelt das Holz lediglich in eine andere Form um. Keine Materie wird jemals zerstört. Was wäre das für ein Schöpfer, der bei materiellen Dingen eine solche Unzerstörbarkeit verfügt, ohne das gleiche auch für das Spirituelle gelten zu lassen? Dieses logische Argument ist unwiderlegbar, so wie ich es sehe.

Dann gibt es das Gesetz der Anpassung. Wenn Sie einmal Ihre Ohren betasten, werden sie oben drauf kleine Erhebungen spüren, die wir von unseren Ahnen geerbt haben. Einst hatte der Mensch bewegliche Ohren, die er in verschiedene Richtungen bewegen konnte, um so Feinde besser hören zu können. Manche Wissenschaftler sagen vorher, daß wir, wenn wir noch weitere fünfzig Jahre Autos fahren, bei denen man ständig aufs Gaspedal treten muß, einen neuen Muskel am Rist unseres Fußes entwickeln werden, der ihm mehr Kraft und Flexibilität verleiht und die Verspannung reduziert. Der menschliche Körper paßt sich an. Weil der Mensch die Sehnsucht verspürt, mit verstorbenen geliebten Menschen wieder vereint zu sein (eine allgemein verbreitete Sehnsucht), argumentiert Mr. Belding, wird seine Seele gewiß durch Anpassung jene Unsterblichkeit erlangen, nach der sie sich sehnt. Unsterblichkeit ist eine sehr vernünftige Annahme.

Seit Generationen haben die Menschen nun schon die materiellen Aspekte des Universums wissenschaftlich erforscht, und als Resultat haben wir die großartigste materielle Zivilisation in der Geschichte der Menschheit entwickelt. Bis in jüngste Zeit fand jedoch kaum eine systematische wissenschaftliche Untersuchung der spirituellen Erfahrungen des Menschen statt. Erst die neue Wissenschaft der Parapsychologie widmet sich der Erforschung nicht-physischer Phänomene. Die Parapsychologen betrachten es als erwiesen, daß im Menschen Fähigkeiten und Kräfte existieren, die sie in Ermangelung eines besseren Begriffes *Psi* nennen, Kräfte, die ohne Beteiligung erkennbarer physischer Sinne funktionieren und nicht an Zeit und Raum gebunden sind. Sie befassen sich mit solchen Phänomenen wie Präkognition, Hellsehen, Retrokognition und Telepathie, die einst als Spielwiese für Verrückte und Scharlatane galten, nun aber Einzug in wissenschaftliche Labors gefunden haben. Der Tag wird kommen, das steht für mich fest, an dem auf der Grundlage der dort geleisteten Forschungsarbeit die Wissenschaft die Unsterblichkeit der Seele als eine erwiesene Tatsache anerkennt.

Präkognition tritt auf, wenn Sie etwas im voraus sehen. Zum Beispiel glaubte eine Frau, in der Zeitung gelesen zu haben, daß einer ihrer Freunde an einer Herzattacke gestorben war. Als sie anderen davon erzählte, waren sie sehr erstaunt. Sie blätterten alle Zeitungen durch, fanden aber keinerlei Hinweis auf den Tod der betreffenden Person. Dann, vier Tage später, starb der Betreffende tatsächlich an einer Herzattacke. Die Frau hatte es vorhergesehen. Sie hatte die Schranken der Zeit überwunden.

In einer Nacht während des ersten Weltkriegs sagte ein kleines Mädchen weinend: »Mami, Vati ist unten in einem Loch und bekommt keine Luft!« Später stellte sich heraus, daß zu dem Zeitpunkt, als das Mädchen diese Vision hatte, ihr Vater in einem Keller an der Front Opfer eines Gasangriffs wurde. Das ist Hellsehen, die Fähigkeit, etwas an einem anderen Ort zu sehen, ohne irgendwelche mechanischen oder physischen Hilfsmittel.

Retrokognition bedeutet, etwas zu sehen, das in der Vergangenheit geschah. Und Telepathie ist die Fähigkeit, ohne Telefon, Telegraf, Radio oder geschriebene Worte mit einer anderen Person zu kommunizieren, ausschließlich durch die Kraft des Geistes.

Eines Sonntags hielt ich eine Predigt und war dabei nicht besonders gut. Das spürte ich. Ich geriet ins Schwimmen. Meine Frau saß auf einer Bank weiter hinten in der Kirche. Sie dachte an ein wundervolles Erlebnis, das den Aspekt, den ich deutlich zu machen versuchte, perfekt veranschaulichte. Sofort konzentrierte sie sich darauf, mir diesen Gedanken zu übermitteln. Zu ihrer Freude beschrieb ich gleich danach dieses Erlebnis, und meine Predigt geriet dadurch wieder in Schwung.

Als wir an diesem Tag nach Hause kamen, fragte mich meine Frau: »Norman, hattest du es geplant, in deiner Predigt von diesem schönen Erlebnis zu erzählen?«

»Nein«, antwortete ich. »Ich hatte schon jahrelang nicht mehr an diese Sache gedacht, aber ganz plötzlich tauchte sie in meinem Bewußtsein auf.«

»Oh, nein!« sagte sie. »Sie ist nicht von selbst aufgetaucht. Ich habe sie dir geschickt.«

Nun, das ist ein guter Beleg dafür, daß es im menschlichen Geist machtvolle Kräfte gibt, die das Materielle transzendieren. Sie machen sich gar keine Vorstellung davon, wie wunderbar Sie eigentlich sind. Sie haben eine Seele, die nur vorübergehend in einem Körper wohnt. Danach wird sie ewig weiterleben.

Wenn Gott hier auf der Erde bei uns Menschen so Vieles vermag, dann wird er zweifellos auch im Jenseits wunderbare Dinge mit uns vorhaben. Die Auferstehung findet nicht nur dann statt, wenn Sie gestorben sind. Sie findet jetzt statt, im allgegenwärtigen Fluß der Ewigkeit. Ich habe schon auferstandene Menschen getroffen. Und auch unter Ihnen, die diese Worte lesen, gibt es viele Auferstandene.

Einer meiner guten Freunde, der verstorbene Paul Soupiset, war Ladenbesitzer in San Antonio, Texas, und zudem ein Diener Gottes. Er erwarb eine kleine, leerstehende Kirche im Zentrum von San Antonio, am La-Villita-Platz, und hielt dort jeden Sonntagnachmittag Gottesdienste ab. Er wurde von seiner Glaubensgemeinschaft zum örtlichen Prediger ernannt. Ich erfuhr von ihm, als er erklärte, sein Leben habe sich, dem Herrn sei Dank, durch eine Fernsehsendung von Grund auf geändert, die ich zusammen mit Mrs. Peale vor einigen Jahren gestaltet hatte. So wurden wir Freunde.

Er schrieb mir, jemand habe ihm ein Glockenspiel für den Turm seiner kleinen Kirche gestiftet, und lud mich ein, zu kommen und diese Glocken einzuweihen, denn er wolle sie mir zu Ehren benennen. Nun, ich dachte mir, daß das eine Reise nach San Antonio wert war, und machte mich auf den Weg. Dort gab es einen Einweihungsgottesdienst für die Glocken. Was danach geschah, werde ich nie vergessen: Paul Soupiset sagte der Gemeinde, daß alle, die wollten, daß sich ihr Leben änderte, nach vorne kommen und vor dem Altar niederknien sollten. Was dann folgte, war unvergleichlich. Da waren Mexikaner, Farbige, Weiße, reiche Leute, arme Leute. Ich erinnere mich an eine weißhaarige Dame, die einen Pelzmantel und diamantenbesetzte Armreifen trug und neben einem Mexikaner kniete, der aussah, als sei er eben vom Pferd gestiegen. Paul legte seine Hand auf den Kopf der weißhaarigen Dame. Er fragte: »Honey, wonach suchst du?«

»Ach«, sagte sie, »Reverend Soupiset, ich suche nach Jesus. Ich möchte, daß mein Leben sich ändert. Ich bin eine elende, sündige alte Frau.«

»Meine Hand ist auf deinem Kopf«, sagte er, »und das ist das Symbol für die Hand von Jesus, und die Macht der Auferstehung strömt jetzt in dich, Honey.« Sie blickte auf, mit einem wunderschönen Lächeln im Gesicht.

Dann stand er vor dem Mexikaner und fragte: »Was möchtest du, Hombre?«

Der Mann antwortete: »Jesus.«

»Ich lege meine Hand auf deinen Kopf«, sagte Paul, »und die Kraft des lebendigen Gottes strömt in dich und läßt dich auferstehen.«

Auf die gleiche Weise berührte er alle und sprach mit allen. Ich saß dabei und hatte Tränen in den Augen. Alles war so voller Liebe. Und später sagte er zu mir: »Mein Freund, wenn Gott Menschen hier und jetzt auf solche Weise auferstehen lassen kann, dann kann Er uns auch auferstehen lassen, wenn wir gestorben sind, so daß wir ein aufregendes ewiges Leben führen werden.« Nun, das denke ich auch.

Gott tut stets das Richtige. Gott hat uns eine wunderbare Welt geschenkt, mit schönen Bergen, blauem Himmel und sauberen, frischen Flüssen; doch der Mensch zerstört das alles durch seinen Schmutz und Dreck. Der Mensch muß für Gott ein schreckliches Problem sein. Und dennoch sorgt Gott hier auf der Erde für uns, wacht über uns, erhält uns und ist immer unser Freund, bis zum Abend unseres Lebens. Wollen Sie mir ernsthaft erzählen, daß Gott seine Natur ändert, wenn Sie sterben? Daß Er Sie dann vergessen wird? Er, der alles für Sie getan hat, der Ihnen Seine Liebe geschenkt hat? Wird Er Sie vergessen? Auf gar keinen Fall! Wenn Er Sie hier auf solche Weise liebt, dann wird Er Sie im Jenseits ebenso lieben. Die geliebten Menschen, die vor Ihnen gegangen sind, leben noch. Er kümmert sich um sie. Er liebt sie, so wie Er uns hier auf Erden liebt – sogar noch mehr, denn sie sind dort näher bei Ihm.

Vor Jahren las ich einige kurze Texte des Autors Leslie D. Weatherhead, der lange Zeit am City Temple in London predigte – ein großer Prediger und Verfasser vieler

Bücher. In der Textpassage, die mir gerade in den Sinn kommt, beschreibt er ein kleines Kind, das vor der Geburt unter dem Herzen seiner Mutter ruht. Dieses Baby hat alles, was es braucht. Es befindet sich an einem behaglichen, warmen Ort. Die Mutter, die darauf achtet, das Richtige zu essen und sich zu schonen, versorgt es mit aller notwendigen Nahrung. Das Baby tut nichts, außer schlafen, es sich gutgehen lassen und essen. Es hat eine herrliche Zeit dort unter dem Herzen seiner Mutter.

Angenommen, jemand könnte mit ihm sprechen und zu ihm sagen: »Hör mal, du wirst hier nicht bleiben. Das ist nur vorübergehend. Du wirst geboren werden.« Für uns ist es »geboren werden«, aber für das Baby bedeutet es: »Du wirst sterben«, – das heißt, für immer den Ort verlassen, an dem du dich gegenwärtig befindest. Da würde es denken: »Ich will diesen Ort nicht verlassen. Es gefällt mir hier, ich will nicht geboren werden.«

Dennoch kommt der Tag, an dem sich das Wunder der Geburt vollzieht, und plötzlich findet der kleine Säugling sich in den starken, weichen Armen seiner Mutter wieder. Ein Gesicht blickt zu ihm herunter, Augen, die vor Liebe überfließen; und dieses fremde und wunderschöne Wesen drückt ihn an ihre Brust – nun von außen, nicht mehr von innen. Es genügt, wenn er einen kleinen Schrei ausstößt, schon rennen alle herbei, um sich um ihn zu kümmern. Nach einer Weile denkt er: »Also, hier ist es wirklich schön. Noch nie hatte ich es so gut.«

Dann wird dieser Mensch zum kleinen Kind. Die Welt ist für ihn voller Wunder. Alles ist aufregend. Mit der Zeit wächst er zu einem Jugendlichen heran und spürt die Kraft seiner Flügel – seines Geistes und seines Herzens. Es ist die herrlichste Zeit seines Lebens. Dann kommt er in das starke mittlere Alter, in dem er den

Lohn für seine Mühen zu ernten beginnt. Und sein Leben ist gut.

Schließlich gehen seine mittleren Jahre vorüber, und der Mensch wird alt. Eines Tages kommt ihm der Gedanke: »Du wirst bald sterben. Du wirst bald diese Welt verlassen.« Er denkt: »Ich will nicht fortgehen. Ich liebe die Sonne. Ich liebe es, den Regen auf meinem Gesicht zu spüren. Ich liebe das Knirschen des Schnees unter meinen Füßen. Ich mag die Wärme eines Holzfeuers. Ich liebe meine Familie und meine Freunde. Ich will nicht sterben.«

Doch dann kommt der Tag, an dem sich das Wunder des Todes ereignet. Er stirbt in dieser Welt, um in einer anderen neu geboren zu werden. In dem Moment, in dem ihm das geschieht, was wir *Sterben* nennen, vollzieht sich an ihm das, was Gott *Geborenwerden* nennt. Wieder spürt er starke, liebevolle Arme, die ihn halten, und er sieht ein wunderschönes Gesicht, das zu ihm herabblickt. Um ihn sind alle Menschen versammelt, die er einst geliebt und dann für eine Weile verloren hat, und alles ist so viel schöner und wunderbarer. Er erkennt: Ich bin aufs neue geboren worden! So hat er nun zweimal die Erfahrung des Todes und der Geburt gemacht.

Gottes Gesetze sind absolut richtig und unveränderlich. Die Knospen der Bäume kehren in jedem Frühling wieder, wie sie das in allen Jahren getan haben, die Sie bereits auf Erden sind. Gott ist unveränderlich; Er bleibt immer derselbe. Machen Sie also Gebrauch von Ihrem Verstand und Ihrem Glauben, um zu erkennen, daß mit Ihnen und Ihrer Seele alles in Ordnung ist, auf dieser Seite und auf der anderen Seite des Todes. Sie sind ein »Bewohner der Ewigkeit«. Danken Sie Gott von Herzen dafür.

Fünftes Kapitel

Wir sind nicht allein

Es war ein großer Fehler, daß ich erst so spät in meinem Leben das Heilige Land besuchte. Jeder, der gerne Prediger werden möchte, sollte schon wenn er jung ist, ins Heilige Land reisen, auch wenn er für eine Weile mit einer Mahlzeit pro Tag auskommen muß, um das Geld zu sparen. Ich wünschte, jeder von uns würde wenigstens einmal im Leben über die heiligen Straßen dort gehen und einen Blick auf jene ewigen Hügel werfen, wo einst Jesus lebte, umherwanderte und predigte. Das sind unvergeßliche Eindrücke.

Ich werde nie jenen sonnigen, taugetränkten, friedlichen Morgen vergessen, als ich gemeinsam mit etwa fünfzig anderen Pilgern aus vielen verschiedenen Ländern an einem Gottesdienst in einem der Gärten der Heiligen Stadt teilnahm. Unmittelbar vor uns befand sich ein in den Felsen gehauenes Grab. Entsprechend der Überlieferung handelt es sich dabei um das Grab des Nikodemus, einem Mitglied des jüdischen Sanhedrin, in das der Körper des Jesus von Nazareth nach der Kreuzigung gelegt wurde. Während wir dort saßen und unseren kleinen Gottesdienst feierten, konnten wir das offene Grab sehen, der Stein davor zur Seite gewälzt. (Der Stein wurde tatsächlich »abgewälzt«, wie es in der Bibel heißt, denn er war rund wie ein großes Rad, so daß man ihn in einer steinernen Rinne zur Seite rollen konnte, um den Eingang des Grabes zu öffnen.) Wir saßen dort in sanftem Wind und atmeten den Duft der vielen Blumen ein, die in diesem Garten blühten. Wenn ich die wenigen Augenblicke aufzählen sollte, an denen ich vollkommenen Frieden auf Erden verspürt habe, so war das einer davon.

Bei dem Prediger an diesem Morgen handelte es sich um einen hartgesottenen, zackigen Militärpfarrer. Seine Sprache war ein wenig unkirchlich, aber er liebte den Herrn Jesus Christus mit ganzem Herzen und glaubte völlig an Gottes Wort und die Lehren der Heiligen Schrift. Als er über die Auferstehung sprach und sagte, daß an eben dieser Stelle Christus von den Toten auferstanden war, erlebte ich plötzlich eine dieser unsterblichen Glaubensoffenbarungen, die einen geradewegs zur Wahrheit führen. Ich empfand in diesem Moment eine tiefe und absolut befriedigende Gewißheit, daß die Dinge sich am Ostermorgen tatsächlich so abspielten. Natürlich können Sie einwenden, daß das überhaupt nichts beweist. Doch ich biete Ihnen keine Beweise. Ich berichte Ihnen nur von meiner Erfahrung. Ich lege Zeugnis ab; ich argumentiere nicht.

Ein paar Tage später besuchten wir Bethanien. Wie schön dieser Ort ist! Wenn Sie eine von diesen alten bebilderten Familienbibeln besitzen, schauen Sie sich einmal das Bild von Bethanien an. In Wirklichkeit sieht es genau so aus wie auf allen Bildern, die Sie je davon gesehen haben. An diesem Tag brannte die Sonne sehr heiß. Wir standen an dem Grab, in dem Lazarus tot gelegen haben soll, ehe er von Jesus zurück ins Leben gerufen wurde. Ich wollte gerne, wenn das möglich war, jene Stelle finden, an der genau Jesus damals gestanden hatte. Ich ging umher und dachte mir dabei, daß meine Füße vielleicht genau jenen Punkt berühren würden, wo Er gestanden hatte. Dann nahm ich die Bibel; meine Frau las die Worte, die Er an jenem Tag gesprochen hatte: »Ich bin die Auferstehung und das Leben. Wer an mich glaubt, der wird leben, ob er gleich stürbe; und wer da lebt und glaubt an mich, der wird niemals sterben.«

Plötzlich füllten sich meine Augen mit Tränen. Ich spürte, wie es mir ganz warm ums Herz wurde, und wußte, daß diese Worte wahr sind. Ich erinnere mich, daß ich zu meiner Frau sagte, dies seien die größten Worte, die je in der Menschheitsgeschichte gesprochen wurden. Welche Worte haben im Laufe der Jahre mehr Menschen getröstet, die sich dem Tod gegenübersahen, den Abschied von geliebten Angehörigen zu verkraften hatten und verzweifelt versuchten, das Geheimnis ihres Daseins zu ergründen, als diese lieblichen, wunderschönen Worte unseres Heilands? Kann es leuchtendere und wunderbarere Worte geben als diese: »Ich bin die Auferstehung und das Leben«?

Eine Bedeutung dieser Worte ist, daß wir nicht allein im Universum sind. Dieses Universum ist grandios und erschreckend. Es hält Schönheit für uns bereit, aber auch viele Schmerzen und Sorgen. Was für ein schrecklicher Gedanke wäre es, in diesem Universum allein zu sein! Die Weihnachtsbotschaft lautet: »Und sie werden ihm den Namen Immanuel geben, das heißt übersetzt: Gott mit uns.« (Matt. 1,23). Er nahm menschliche Gestalt an und ging durch alles Leid, das ein menschliches Wesen durchzumachen hat. Schließlich wurde Er getötet, doch Er ist wieder auferstanden. Die einfache Botschaft des Osterfestes lautet, daß nichts Ihn zerstören konnte, nicht Haß, nicht die Intrigen der Priester, die Ihn als Bedrohung betrachteten, nicht die Perfidie eines ehrlosen Politikers, der Ihn in den Tod schickte, nicht der Tod selbst. Nichts konnte Ihm etwas anhaben. Er lebt, und Er ist immer noch hier bei uns. Er wird uns durch unser Leben führen und uns in den Himmel geleiten. Nichts anderes meint die Osterbotschaft.

Vermutlich ist kein Buch in der Geschichte der Menschheit so häufig angegriffen worden wie die Bibel. Aber sie hat allen Anfeindungen widerstanden, weil sie ein Dokument der Wahrheit ist, und die Wahrheit läßt sich nicht zerstören. Eine der wichtigsten Botschaften der Bibel besagt, daß wir nicht allein sind – der auferstandene Christus ist bei uns. In dieser Welt, in der wir, als Gesellschaft, nach dem größtmöglichen Wohl aller Menschen streben, sind wir bei diesem Bemühen nicht auf uns selbst gestellt. Denn Jesus Christus ist unser Helfer. Er sorgt dafür, daß wir es schaffen. Seine Gegenwart hilft uns über alle Schicksalsschläge des Lebens hinweg. Wir sind nicht allein.

Wieder und wieder finde ich in den Bergen von Post, die ich als Antwort auf meine Bücher, Predigten und Zeitungskolumnen erhalte, diese große Wahrheit bestätigt. Während unseres Lebens müssen wir alle möglichen Ängste, Schwierigkeiten, Schmerzen und Sorgen erdulden. Doch immer wieder bekomme ich Briefe, in denen die Menschen mir schreiben: Ich hatte dieses oder jenes durchzumachen, ich habe eine schwere Zeit erlebt, aber Jesus war bei mir, Er hat mir geholfen, dank Seinem Beistand habe ich durchgehalten. Diese große Wahrheit sollten wir uns bewußt machen – wir sind nicht allein.

Es gibt Zeiten, in denen wir uns sehr einsam fühlen. Es gibt eine geradezu kosmische Einsamkeit, und wenn wir älter werden, verlassen uns nach und nach die Menschen, denen wir uns verbunden fühlten. Sie gehen mit einem fröhlichen Lächeln und hinterlassen schmerzliche Lücken. Wir sehnen uns nach der Berührung einer Hand, die es nicht mehr gibt, und nach dem Klang einer Stimme, die für immer verstummt ist. Als ich jung war, sagten alte Menschen manchmal zu mir: »Die meisten, die ich kannte und geliebt habe, sind jetzt hinübergegangen. Ich bin fast völlig allein.« Natürlich sollte niemand solchen Gedanken nachhängen. Wir sollten neue Freunde finden, neue Bindungen anknüpfen. Doch liegt in dieser Einsamkeit, die wir fühlen, etwas Grundlegendes, das die Natur aller Dinge betrifft.

Ich bin im Süden von Ohio geboren und aufgewachsen. Hin und wieder kehre ich dorthin zurück und besuche die Orte, wo ich als kleiner Junge lebte. Als Junge war ich oft in einer kleinen Stadt namens Lynchburg. Jeder hat sein Lynchburg – sei es in Mississippi, in Kalifornien, in England oder irgendwo in Deutschland – eine kleine Stadt, aus der Ihre Familie stammt. In jenen längst vergangenen Tagen war die halbe Bevölkerung Lynchburgs mit mir verwandt – Vettern und Kusinen ersten, zweiten, dritten oder noch entfernteren Grades. Überall hatte ich dort Verwandte. Auch meine Großeltern lebten dort. Im Frühjahr fuhr ich immer nach Lynchburg und traf meine Vettern und Kusinen. Manche waren in meinem Alter, manche ein bißchen älter oder jünger. Wir alle trieben uns bei Großmutters Haus herum.

An der Tür dieses Hauses gab es eine Klingel, die mich faszinierte. Sie wissen ja, wie sehr manche Dinge Kinder faszinieren können. Es war eine dieser Klingeln, die man schnell herumwirbelt und deren Lärm dann durchs ganze Haus hallte. Wir trugen richtige Wettkämpfe aus, um zu ermitteln, wer von uns die längsten Klingeltöne erzeugen konnte. Und noch lange nach dem Tod meiner Großmutter, als längst andere Leute in ihrem Haus wohnten, ging ich manchmal allein dorthin, um an der Klingel zu drehen. Bei einem dieser Besuche sagte ich zu Mrs. Grace Williams, der das Haus inzwischen gehörte: »Mrs. Williams, wenn Sie eines Tages die irdischen Gefilde verlassen, würden Sie mir dann diese Klingel vermachen?«

»Wollen Sie die ganze Tür?« fragte sie.

»Nein«, sagte ich, »nur die Klingel.«

Mrs. Williams schickte mir die Klingel. Ich bewahre sie heute in meiner Wohnung in New York auf. Manchmal hole ich die Klingel hervor und lasse sie läuten, doch es ist nicht mehr dasselbe, es fasziniert mich nicht mehr so wie einst.

Es ist wie etwas, das ich einmal in einer New Yorker Zeitung gelesen habe. Jemand schrieb in einem Leserbrief: »Ich bin ein alter Mann, weit über achtzig. Als ich ein Junge war, wuchs in Troy, New York, hinter einer Steinmauer ein Pfirsichbaum. Immer, wenn ich daran vorbeikam, langte ich über die Mauer und pflückte Pfirsiche. Es waren die süßesten Pfirsiche«, schrieb er, »die ich je gegessen habe. Wo kann ich heute Pfirsiche dieser Sorte finden?«

Der Herausgeber antwortete ihm: »Diese Pfirsiche werden Sie nie mehr finden. Sie hatten die Süße der Jugend. Sie können sie nur in Ihrer Erinnerung bewahren.«

Deswegen fasziniert mich diese Klingel aus Lynchburg heute nicht mehr so. Sie erinnert mich an all die Vettern, mit denen ich sie damals geläutet habe. Bis auf zwei sind inzwischen alle gestorben, so daß mich ein Gefühl der Einsamkeit überkommt, wenn ich an sie denke.

Doch dann wiederum fällt mir etwas sehr Tröstliches ein. Jedesmal wenn ich in Ohio in der Nähe von Sabina vorbeikomme, besuche ich eine alte Freundin. Sie ist eine Witwe namens Mrs. Low Morris und war die beste Freundin meiner Mutter. Als ich ein kleiner Junge war, erschien sie mir wunderschön, und ich liebte das Strahlen und die sanfte Musik ihres Lachens. Wenn ich in der Gegend bin, besuche ich sie in ihrem kleinen, altmodischen Haus. Sie besitzt Fotos meiner Mutter und meines Vaters, und ein Foto, auf dem ich und meine Brüder mit der ganzen Familie zu sehen sind. Als ich sie das letzte Mal sah, sprach ich sie darauf an, daß sie ganz allein lebte. Sie sagte: »Es ist kein Mensch hier bei mir, doch ich bin nicht allein. Er ist bei mir.« Dabei schaute sie auf das Foto ihres Mannes an der Wand und begann mit ihrer schönen Stimme zu singen: »Der süße Tag ist nicht mehr fern, an dem wir einander an einem wunderschönen Strand wiedersehen.« Ich stimmte mit ein, denn ich kannte dieses Lied. Damals vor vielen Jahren hatte sie auch noch andere Lieder gesungen, zum Beispiel: »Wir treffen uns jenseits des Flusses.« Vielleicht ist es ein Fehler, daß wir heute solche Lieder nicht mehr singen. Zum Größten im menschlichen Dasein zählt der tiefe, sanfte, unerschütterliche Glaube der Christen hier in unserem Land und überall auf der Welt, daß der Herr Jesus Christus, auf den sie jetzt und in Ewigkeit alle ihre Hoffnungen setzen, lebt und sie Ihn und ihre geliebten Verstorbenen jenseits des Flusses wiedersehen werden.

Ich glaube, daß Christus bei uns ist, wenn wir sterben. Ich glaube, daß Christus auch jetzt bei uns ist, in dieser Minute. Schon jetzt befinden wir uns im Strom der Ewigkeit und Unsterblichkeit. Wie könnte unsere Seele jemals in einem Grab vermodern? Wenn der Körper begraben wird, geben wir der Erde lediglich das materielle Instrument zurück, das der Seele hier auf Erden als Wohnstätte diente.

Ich glaube, daß der gütige Gott, der dieses komplizierte, völlig geheimnisvolle Universum erschuf, es so einrichtete, daß dieses Universum voller Leben ist, nicht voller Tod. Es ist in der Tat ein sehr geheimnisvolles Universum. Vor einiger Zeit schrieb ich einen Zeitungsartikel zur Frage des Lebens nach dem Tode. Bei keinem anderen Artikel habe ich je so viele bewegende Leserzuschriften erhalten. Eine Frau beschrieb mir ihre Erfahrungen, als sie vor vielen Jahren während einer schweren Krankheit an der Schwelle des Todes gestanden hatte:

»Ich sah das aschgraue Gesicht meiner Mutter, als sie neue Wasserschalen brachte. Immer mehr Leute drängten sich durch die Tür meines Schlafzimmers. Sogar Großmutter hatte es geschafft, die Treppe hinaufzusteigen. Sie standen alle an meinem Bett.

Plötzlich waren sie verschwunden, und ich war allein. Ich schwebte durch einen dunklen Gang, und viele glückliche Menschen waren bei mir – sie alle schienen wirklich glücklich zu sein. Ich ging ein Stück vorwärts, damit ich einen Blick nach draußen werfen konnte. Dort sah ich eine schöne Wiese mit großen, leuchtend weißen Gänseblümchen unter einem strahlend blauen Himmel. Auf der Wiese saß ein hübsches kleines Mädchen und pflückte Blumen.

Dann kamen, wie ein Vorhang, der vor der Szenerie zugezogen wurde, die folgenden Worte: ›Mama braucht mich.‹ Ich erwachte und spürte, daß meine Mutter meinen Kopf an ihre Brust drückte. Leise rief sie mich wieder und wieder: ›Liebling, wir brauchen dich.‹ Ich wurde wieder gesund und beabsichtige, noch sehr lange zu leben.«

Wo ist diese Frau gewesen?

Nun folgt ein Brief, der die Unterschrift einer in den Vereinigten Staaten sehr berühmten Person trägt, ein Name, den jeder kennt, würde ich ihn preisgeben. Bezugnehmend auf meinen Artikel schrieb mir die betreffende Person:

»Bei vielen Gelegenheiten pflegten meine Großmutter und meine Mutter die Geschichte meines Onkels Elmer zu erzählen.

Elmer war im Alter von fünfundzwanzig Jahren an Typhus erkrankt, was damals, im Jahre 1900, häufig den sicheren Tod bedeutete. Eva, Elmers Zwillingsschwester, war im Jahr davor an der gleichen Krankheit gestorben. Über viele Tage hatte Onkel Elmer bereits im Koma gelegen, zu schwach, sich zu bewegen. Plötzlich setzte er sich im Bett auf und streckte die Arme zum Himmel. Strahlend vor Glück rief er mit fester, klarer Stimme aus: ›Eva!‹ Dann starb er.«

Als Junge kannte ich James N. Gamble, von Procter and Gamble, dem Hersteller der Elfenbeinseife. Er war einer der frömmsten Männer, die mir je begegnet sind. Jetzt, viele Jahre später, erreicht mich überraschend der Brief einer Frau, die als Mr. Gambles Krankenschwester arbeitete. Der Brief handelt nicht von Mr. Gamble, sondern von einer persönlichen Erfahrung dieser Dame:

»Ich hatte eine schwere Zeit durchgemacht und das starke Gefühl, daß mein Vater in meiner Nähe war, um mir beizustehen. Nie zuvor in all den Jahren seit seinem Tod hatte ich etwas Derartiges gespürt.

Dann geschah eines Tages etwas sehr Verblüffendes. Auf meiner Anrichte steht, zusammen mit anderen Erinnerungsstücken, ein hübscher Rasierbecher, den mein Vater einst benutzte. Ich hatte im Wohnzimmer Staub gewischt und ging hinüber zur Eßecke, um die Anrichte abzustauben, als ich plötzlich eine Kraft spürte, die mich festhielt, als stünde ich unter einem Zauberbann. Ich dachte: Wie schön, daß ich diesen Rasierbecher habe. Er ist der einzige Gegenstand in meinem Besitz, den Papa früher benutzt hat. Und da spürte ich seine Anwesenheit.

Etwas ließ mich hinüber zur Küchentür schauen. Zwischen der Tür und mir sah ich ein klares Bild meines Vaters, frei im Raum schwebend, das dort für mehrere Sekunden sichtbar blieb. Es war sehr real, Kopf und Schultern waren deutlich zu erkennen. Papa sah jünger aus, als ich ihn in Erinnerung hatte, kräftiger, ohne graues Haar. Er war wieder ein junger Mann. Sein volles schwarzes Haar, das ich immer bewundert hatte, beeindruckte mich wie einst.

Mein Vater ist nicht tot.«

Eine große Wolke umgibt uns, aus der heraus die, die von uns gegangen sind, verfolgen, was uns widerfährt. Und sie helfen uns, so weit das möglich ist. Ich möchte noch einen Brief zum Abschluß zitieren. Er wurde von meiner Schwiegermutter geschrieben. Einmal hatten meine Frau und ich ein schweres, belastendes Problem, und wir versuchten, es durch Beten zu lösen, indem wir alles in Gottes Hand legten und zugleich selbst nach einer Lösung suchten – die einzige Art, jedes Problem zu bewältigen. Ich muß noch vorausschicken, daß mein Vater Clifford hieß. Meine Frau heißt Ruth. Meine Schwiegermutter schrieb an meine Frau:

»Gestern abend habe ich für dich gebetet. Dabei drang mir plötzlich der folgende Gedanke ins Bewußtsein: *Ruthie wird es schon schaffen. Mach dir wegen ihr keine Sorgen.*

Du weißt, daß ich an dich niemals als ›Ruthie‹ denke. Niemand, der noch unter uns weilt, hat dich je Ruthie genannt. Doch Clifford hat, als er noch lebte, dieses Wort oft benutzt, wenn er liebevoll von dir sprach.

Warum ist mir das gestern abend in den Sinn gekommen? *Ruthie wird es schon schaffen. Mach dir wegen ihr keine Sorgen.* Kann es sein, daß es dort drüben jemanden gibt, der uns in unseren Nöten und Schwierigkeiten beisteht?«

Ich möchte mit Ihnen meine Überzeugungen teilen, an die ich von ganzem Herzen glaube: Sie haben die Menschen, die Ihnen teuer waren, nicht verloren. Und niemand von ihnen hat Sie verloren. Wir sind in unzertrennlicher, ewiger Unsterblichkeit vereint. Wir müssen nicht bis zum Tod warten, um in die Unsterblichkeit einzutreten. Der Zustand der Unsterblichkeit ist fester Bestandteil unseres menschlichen Wesenskerns. Wir sind nicht aus Fleisch und Blut. Der Körper ist nur ein Werkzeug, das Sie und ich für eine Weile benutzen. Wenn er uns nicht länger von Nutzen ist, lassen wir ihn zurück. Jeder von uns ist ein geistiges Wesen, Teil von Gottes spirituellem Leben. »Ich weiß nicht, wo Seiner Insel Palmen sich sanft wiegen im Wind, doch seine Lieb' und Sorge mir ewig sicher sind.«

Sechstes Kapitel

Die Auferstehung und das Leben

Als Junge stand ich einmal an der Seite meines Vaters auf einem kleinen Friedhof im südlichen Ohio. Wir betteten die sterblichen Überreste der Mutter meines Vaters zur letzten Ruhe. Ich empfand an diesem Tag großes Mitleid mit meinem Vater, weil er seine Mutter verloren hatte.

Ich erinnere mich noch genau an den weißhaarigen Landpfarrer. Ich sehe ihn vor mir, wie er voller Hochachtung zum Grab hinunterblickte. Dann – ohne den Text aus einem Buch abzulesen – hob er sein Gesicht, so daß die Sonne es beleuchtete, und leise und wunderschön kamen die uralten Worte von seinen Lippen: »Ich bin die Auferstehung und das Leben.«

Obgleich ich noch sehr jung war, spürte ich doch die tiefe Wahrheit dieser Worte. In mir wurde eine unerschütterliche Überzeugung geboren. Die Größe und der Zauber dieser Worte durchdrangen mein ganzes Bewußtsein.

Viele Jahre vergingen. Wieder standen mein Vater und ich, beide nun viel älter, auf demselben kleinen Friedhof. Doch diesmal trugen wir meine geliebte Mutter zu Grabe. Wieder hatte ich fast die gleiche Empfindung wie damals als kleiner Junge. Trotz der vielen Jahre, die dazwischen lagen, hatte sich nichts verändert. Ein anderer Landpfarrer hielt die Predigt, und über seine Lippen kamen dieselben alten, unveränderten Worte: »Ich bin die Auferstehung und das Leben.« Erneut wußte ich tief im Herzen, daß diese Worte wahr sind, daß in diesen Worten die Antwort auf die grundlegenden Fragen bezüglich Leben und Tod zu finden ist.

Sie enthalten die große Botschaft, der wir alle uns ständig bewußt sein sollten. Dabei handelt es sich um drei wichtige Dinge. Erstens: »Ich bin die Auferstehung und das Leben. Wer an mich glaubt, der wird leben, ob er gleich stürbe ...« Da ist es. Der Mensch muß sterben. Menschen unterliegen dem Gesetz des Todes. Wir neigen dazu, das zu vergessen, aber es ist ratsam, es im Gedächtnis zu behalten. Sie sollten nie vergessen, daß Sie sterblich sind. Wenn wir uns daran nicht immer wieder erinnern, werden wir leicht zu respektlos, zu materialistisch, zu wollüstig, zu gierig.

Wir Amerikaner haben in den letzten Jahren etwas verloren, das unsere Vorfahren besaßen, etwas, das auch unsere Väter noch besaßen. Sie waren sich stets der Unsicherheit des Lebens bewußt. Sie lebten zwischen Bergen und an Flüssen. Sie lebten mit den einfachen Tieren des Feldes. Sie sahen die Abfolge von Leben und Tod in der Natur, wie sie sich vor ihren Augen entfaltete. Sie erlebten die Pflanzzeit und die Erntezeit. Sie sahen den Wechsel der Jahreszeiten. Und sie waren immer gedankenvoll, da sie die Vergänglichkeit aller Dinge ständig vor Augen hatten. Sie lernten dadurch, die tiefere Qualität des Lebens zu erkennen, und jener Ewigkeit, die Grundlage allen Lebens ist.

Heute sind wir Kinder der Städte. Wir leben inmitten von Beton und Stahl. Die Wunder von Gottes Schöpfung umgeben uns nicht länger, sondern nur noch menschengemachte Wunder. So sind wir ein bißchen selbstgefällig und blasiert geworden. Wir haben unsere eigene Sterblichkeit vergessen.

Einmal las ich etwas über Philipp von Makedonien, der die griechischen Stadtstaaten und ihre Kolonien unter seiner Herrschaft vereinte. Eine seiner größten Leistungen bestand aber darin, Alexander den Großen zu zeugen, der früh in seinem Leben eifersüchtig auf seinen Vater wurde und Tränen vergoß, weil der Vater ihm kaum noch Reiche zur Eroberung übrig ließ. Doch Philipp von Makedonien war ein Denker, der niemals vergessen wollte, daß er, trotz all seiner Macht, immer noch ein ganz gewöhnlicher Mensch war. Daher betraute er einen seiner Sklaven mit einer ganz besonderen Aufgabe.

Jeden Morgen bei Sonnenaufgang mußte der Sklave seinen Herrn wecken. Philipp stand früh auf, weil er Wert auf Selbstdisziplin legte. Wenn sie sich auf einem Feldzug befanden, mußte der Sklave zu ihm ins Zelt kommen. Im Palast kam er in das Schlafgemach des Königs. Er durfte den König nicht mit Ihre Majestät, Herr oder dergleichen anreden, sondern nur mit seinem Geburtsnamen und mußte zu ihm sagen: »Philipp von Makedonien, bedenke, daß du sterben mußt.«

Das ist gewiß eine ziemlich düstere Art, morgens geweckt zu werden, aber es kann uns daran erinnern, daß wir im unaufhaltsamen Strom der Zeit existieren. Unsere winzigen, schwachen Hände können nichts tun, um diesen Strom anzuhalten. Auch können wir uns nicht am Ufer verankern, um so der mächtigen Strömung zu entkommen. Wir werden vom nie endenden Strom der Ewigkeit vorwärtsgetragen.

In einer Sage wird berichtet, wie einst ein Wanderer einen Zauberwald durchquerte. Auf einer Lichtung entdeckte er eine Sonnenuhr, auf der die folgenden mahnenden Worte geschrieben standen: »Halte ein, Wanderer, und denke nach. Es ist später, als du denkst.« Der Mensch ist dem Gesetz von Tod und Verfall unterworfen. Das sollte man bei all seinen Unternehmungen nie außer acht lassen. Auch wenn die Beschäftigung mit diesen Themen unangenehm und angstauslösend sein mag, ist sie doch psychologisch und religiös vernünftig.

Aber es entspricht nicht unserer christlichen Lehre, es dabei zu belassen. Welches neue Element wird im Christentum also hinzugefügt? Die freudige Gewißheit, daß dieser Fluß der Sterblichkeit, dieser unaufhörliche Strom des Todes und des Verfalls, unterbrochen und aufgehalten worden ist, indem etwas Neues hinzugefügt wurde. Ein Mensch erschien, der mit vollem Recht sagen konnte: »Ich bin die Auferstehung und das Leben.« Das bedeutet: Ich bin gekommen, damit die Unsterblichkeit für euch alle möglich wird. Ich bin gekommen, damit ihr alles in diesem Leben überwinden könnt – sogar den Tod.

Die große Botschaft lautet also: *Er ist hier.* Jesus Christus, den sie ans Kreuz schlugen, konnte dort nicht lange festgehalten werden. Er sprengte die Fesseln seines Grabes. Er ist hier, ist heute, an diesem Tag, bei uns. Er ist bei Ihnen, als die lebendigste Person, die strahlendste Person unter uns Menschen.

Wenn ich eine solche Aussage mache, bin ich mir bewußt, daß manche von Ihnen denken: *Woher weiß er das?* Ich respektiere die Wissenschaft sehr. Es gibt gewisse engstirnige Wissenschaftler, die von sich behaupten, nur das zu glauben, was sie mit eigenen Augen sehen können.

Eine solche Einstellung ist wirklich amüsant. Was ist mit dem Elektron? Hat jemals jemand ein Elektron die Straße entlangspazieren sehen? Gerade die größten Dinge im Leben sind unsichtbar. Haben Sie schon einmal den Frühling gesehen? Nein. Zuerst sind die Zweige der Bäume noch kahl, dann scheint warm die Sonne, jemand wedelt mit dem Zauberstab, und plötzlich sind sie da – winzige Knospen, und schließlich, grüne Blätter. Niemand konnte sie sehen, bevor sie hervorbrachen.

Jesus Christus sagt uns, daß Er hier ist. Und Sie können ganz allein für sich herausfinden, daß Er wirklich hier ist. Wenn Sie alles in Ihrem Leben vollkommen Jesus Christus anvertrauen und ihn von ganzem Herzen suchen, dann werden Sie spüren, wie Ihr Herz sich tatsächlich erwärmt und eine mystische Gegenwart in Ihr Leben tritt.

Wenn Sie Ihr Bewußtsein für die Tatsache öffnen, daß Jesus Christus hier ist, dann können Sie im Namen Christi durchs Leben gehen und jede Herausforderung bewältigen. Jesus Christus steht hier vor der verschlossenen Tür Ihres Bewußtseins, klopft an und sagt: »Laß mich herein! Ich gebe dir die Kraft, deine Furcht zu überwinden. Laß mich herein! Ich gebe dir die Kraft, jede Niederlage zu überwinden. Laß mich herein! Ich gebe dir die Kraft, deine Frustrationen zu überwinden. Laß mich herein! Ich gebe dir die Kraft, negatives Denken zu überwinden. Laß mich herein!«

Wenn Sie Ihn dann hereinlassen, wird es Ihnen warm ums Herz werden, und eine neue Kraft wird in Ihnen pulsieren. Sie werden selbst erfahren, was Er gemeint hat, als Er sagte: »Ich bin die Auferstehung und das Leben.« Diese alten Worte über die Unsterblichkeit sind wirklich eine ungeheure Sache.

Dann gibt es da noch einen letzten Gedanken. Er lautet: »Ich bin die Auferstehung und das Leben. Wer an mich glaubt, der wird leben, ob er gleich stürbe; und wer da lebt und glaubt an mich, der wird niemals sterben.« Das ist die große, alte Botschaft der Bibel – daß Sie unsterblich sind, das heißt, *eigentlich* sind Sie unsterblich. Ich sage *eigentlich*, weil es nicht meines Amtes ist und ich auch als christlicher Geistlicher nicht die Autorität besitze, zu behaupten, daß jeder Mensch unsterblich ist.

Sie sind vom Grundsatz her unsterblich, aber manche Menschen leben auf eine Weise, daß sie zu Tieren werden, statt spirituelle Wesen zu sein. Statt spirituelle Wesen zu sein, werden sie materielle Wesen, und aus etwas Materiellem kann man nun einmal nichts Spirituelles machen. Das ist unmöglich. Es sind zwei verschiedene Kategorien.

Manche Menschen wären im Himmel nicht glücklich. Wie könnte jemand, der ein wollüstiges, betrunkenes, ausschweifendes Leben führt, im Himmel glücklich sein? Für manche Menschen wäre es im Himmel wie in der Hölle. Sie würden sich dort nicht zu Hause fühlen. Solche Menschen kann man wohl kaum als unsterblich bezeichnen. Aber glücklicherweise hat jeder von uns die Chance, sich zu ändern. Die Möglichkeit zur Unsterblichkeit ist in der Natur eines jeden Menschen angelegt.

Es gibt einige große Menschen, die ein so wunderbares Leben führen, daß sie schon hier auf der Erde empfindsam genug werden, um mit Gott unmittelbar in Kontakt treten zu können. Dadurch leben sie schon jetzt wie in der Ewigkeit. Und wenn sie sterben, gehen sie einfach hinüber. Sie sind vorbereitet. Doch selbst jene, die schwach gewesen sind und ihr Leben verpfuscht haben, werden nicht verstoßen, denn es heißt in der Bibel: »Wer an mich glaubt.« Wer durch einen Akt des Glaubens sein Leben in Meine Hand legt, dem ist die Unsterblichkeit gewiß. Er lebt, um eine alte Formulierung zu gebrauchen, »im Glauben an Christus«.

Einer meiner Freunde ist Professor für Theologie. Er ist ein sehr glücklicher Mensch und stets zu Scherzen aufgelegt. Natürlich kann er auch ernsthaft sein, aber selbst dann weiß man nie so genau, ob er es auch wirklich ernst meint. Er hatte einen Studenten von ganz ähnlichem Wesen, den er sehr mochte. Die beiden liebten es, sich Wortgefechte zu liefern. Sie waren beide sehr kluge Köpfe, und wenn sie debattierten, stoben förmlich die Funken. Stets versuchten sie, sich gegenseitig durch Witz, Philosophie oder die Spitzfindigkeit ihrer Argumente auszustechen.

Der Student wurde schwer krank, todkrank, und der Professor ging ihn besuchen. Der Arzt sagte ihm, daß der Student nur noch ein oder zwei Tage zu leben hätte. Der Professor wußte, daß das ihre letzte Begegnung sein würde. Er war nie sehr ernst gegenüber dem jungen Mann gewesen, daher wußte er nicht, ob er jetzt mit ihm beten oder über die Unsterblichkeit der Seele sprechen sollte. Er wußte nicht recht, was er zu ihm sagen sollte.

Der Student war schwach, aber dennoch diskutierten sie wie immer miteinander. Der Professor war dabei nicht besonders brillant, denn sein Herz war voller Kummer, und das sah man seinem Gesicht an. Der junge Mann spürte, wie bestürzt der Professor wegen seines Zustandes war und welch beklommene Atmosphäre dadurch entstand.

Schließlich mußte der Professor aufbrechen. Er legte seine Hand auf die Hand des Studenten und sagte: »Bob, alter Junge, ich muß Sie jetzt verlassen.« Beide wußten, daß es ihre letzte Begegnung war.

Bob schaute ihn an. Er wußte, was dem Professor durch den Kopf ging. Aber seinem Charakter entsprechend bemühte er sich, eine gute Schlußpointe anzubringen. Auf ziemlich saloppe Art drückte er aus, woran er glaubte. Er ließ den »Professor« weg und sagte: »Mach's gut, Bill. Danke für alles. Wir seh'n uns.«

Das war seine Art zu sagen: »Ich weiß. Wir beide haben den gleichen Glauben. Ich weiß, daß meine Zeit gekommen ist. Ich weiß, daß ich sterben muß. Aber ich weiß auch, daß wir beide Jesus Christus lieben. Wir haben Ihm unser Leben anvertraut und glauben fest daran, daß Er uns erlösen wird. Darum werden wir uns wiedersehen.«

Wir alle sollten so leben, daß wir, wenn unser Herr uns zu sich ruft, genug Glauben haben, um sagen zu können: »Ja, wahrhaftig, wir werden uns wiedersehen!«

»Ich bin die Auferstehung und das Leben.« Vergessen Sie das nie. »Wer an mich glaubt, der wird leben, ob er gleich stürbe; und wer da lebt und glaubt an mich, der wird niemals sterben. ...«

Siebtes Kapitel

Jenseits der Schatten

Es war ein Ferngespräch, und zwischen den beiden Sprechenden lag fast der halbe amerikanische Kontinent. Die Stimme am einen Ende der Leitung war weiblich, alt und schwach. Die Stimme am anderen Ende war männlich, vital und kraftvoll. Es handelte sich um eine hoch betagte Mutter, die mit ihrem in den besten Jahren stehenden Sohn sprach.

Auf eine seltsame, zärtliche, manchmal zugegebenermaßen allerdings auch etwas lästige Weise bleiben Männer für ihre Mütter immer kleine Jungen. Die Unterhaltung bewegte sich auf dieser Ebene, und sie sprach mit ihm über die kleinen, einfachen, liebenswerten Dinge des Familienlebens. Sie befand sich in einer Kleinstadt im Mittleren Westen, in einem altertümlichen Haus an einer von Bäumen gesäumten Straße. Er befand sich in einem turmhohen Bürogebäude mitten im lauten, pulsierenden Manhattan. Doch es handelte sich um ein Gespräch zweier Menschen, die einander über alles liebten.

Er wußte, daß es ihr nicht gut ging, und sagte zu ihr: »Mutter, ich fliege heute nacht zu dir herüber, und wir werden uns morgen einen schönen Tag zusammen machen. Bereite schon alles vor. Morgen früh bin ich bei dir.«

»Ja«, sagte sie, »ich werde etwas für dich kochen, das du gerne ißt. Es wird schön sein, meinen Jungen wieder einmal hier bei mir zu haben.« Dann fügte sie mit schwacher Stimme hinzu: »Wir sehen uns am Morgen.«

Als er am Morgen bei ihr eintraf, sagte man ihm, daß seine geliebte Mutter in der Nacht still und friedlich zur anderen Seite hinübergegangen war. Dort lag sie in ihrem Bett, als schliefe sie nur. Er sah ihr Gesicht, ihren Mund, der nie wieder sprechen würde, und wußte, daß er die letzten Worte, die sie zu ihm gesagt hatte, nie vergessen würde: »Wir sehen uns am Morgen.«

Ich bin mit diesem Mann seit langem befreundet. Er ist sehr modern, ein nüchterner Geschäftsmann. Ich fragte ihn, was dieses: »Wir sehen uns am Morgen« für ihn bedeute. Er schaute mich überrascht an. »Na«, sagte er, »daß ich sie am Morgen sehen werde.«

»Wieso bist du da so sicher?«

»Oh«, sagte er, »weißt du noch, wie du und ich und unsere anderen Freunde vor langer Zeit in diese kleinen Kirchen auf dem Land zu gehen pflegten?« Daran erinnere ich mich in der Tat sehr gut. Ich danke dem Herrn dafür, daß ich das Glück hatte, kurz nach der Jahrhundertwende als Kind oft in solchen kleinen Kirchen auf dem Land gewesen zu sein. Wenn man aus den Kirchenfenstern schaute, sah man keine Gebäude, nur Felder, Hügel, Wälder und den Himmel.

Die Prediger damals waren häufig keine sehr gebildeten Männer, aber sie glaubten selbst jedes Wort, das sie sagten. Und sie hatten wirkliche spirituelle Erlebnisse, von denen sie erzählen konnten. Sie lebten so, daß sie Gott durch Jesus Christus kannten. Mein Freund fuhr fort: »Erinnerst du dich noch an das schöne, alte Lied: ›Da ist ein Land so unvergleichlich schön, und durch den Glauben können wir es seh'n.‹ Und der Refrain lautet: ›Der Tag ist nicht mehr fern, an dem wir einander wiedersehen an einem wunderschönen Strand.‹ Oh, ja«, sagte er, »ich zweifle nicht im geringsten daran, daß ich sie am Morgen sehen werde.« Und ich bin sicher, Sie zweifeln auch nicht daran.

Als ich zu predigen begann, hatten wir es mit krass materialistisch eingestellten, anmaßenden und phantasielosen Wissenschaftlern zu tun, die die Bibel als altmodisches Märchenbuch betrachteten. Auf Menschen, für die das Wort Gottes das Fundament ihrer Weltanschauung bildete, schauten sie verächtlich herab. So rückte die Wissenschaft zunächst von den Geboten des Glaubens ab. Sie mußte gewissermaßen erst einmal erwachsen werden.

Damals hatte ich das Gefühl, mindestens die Hälfte einer Predigt darauf verwenden zu müssen, den Glauben zu verteidigen. Doch schon vor langer Zeit gab ich diesen Kampf auf, und tatsächlich hörte auch die Wissenschaft damit auf, gegen die Religion zu Felde zu ziehen. Inzwischen haben die Wissenschaftler in diesem Universum immer mehr Entdeckungen gemacht, die Gottes Existenz eher beweisen als widerlegen. Immer deutlicher zeigt sich, daß das ganze Universum sich mit einem einzigen Wort charakterisieren läßt: *Leben*, und nicht etwa mit dem Wort *Tod*. So bekommt das Evangelium heute Unterstützung durch die Wissenschaft.

Nur völlig altmodische und hinter dem Mond lebende Leute können ernsthaft die Meinung vertreten, es gebe einen Konflikt zwischen Wissenschaft und Religion. Solche Leute sollten besser noch einmal die Schulbank drücken. Die Wissenschaft zeigt uns heute, daß es in diesem Universum ein grenzenloses Bewußtsein und einen großen Geist gibt. Die wirklich großen Gelehrten haben diese Auffassung immer schon vertreten. Nur infantile Kleingeister haben je behauptet, Wissenschaft und Christentum seien unvereinbar.

Ich habe einige der größten Gelehrten auf dem Gebiet der Archäologie bei mehreren Expeditionen ins Heilige Land begleitet. »Versuchen Sie, die Bibel zu beweisen?« fragte ich einen von ihnen.

»Wir arbeiten rein wissenschaftlich«, entgegnete er. »Wir befassen uns ausschließlich mit dem, was in diesem Gebiet tatsächlich entdeckt und ausgegraben wird. Wir machen keine Ausgrabungen, um irgendetwas zu beweisen.« Dann schaute er mich an und fragte: »Was ist los mit Ihnen? Niemand braucht die Bibel zu beweisen. Die Bibel hat sich schon vor langer Zeit selbst bewiesen. Aber eines kann ich Ihnen mit Sicherheit sagen: Alle unsere Entdeckungen hier stützen das, was die Bibel über das Leben in der damaligen Zeit sagt.«

Wenn Sie also in der Bibel lesen, daß es ein jenseitiges Land gibt, daß es ein Leben nach dem Tod gibt, daß es Unsterblichkeit gibt, können Sie sicher sein, daß es sich dabei um Tatsachen handelt.

Kürzlich las ich die Lebensbeschreibung eines Mannes, den ich bewundert habe, seit ich ihn vor einigen Jahren kennenlernte. Natürlich habe ich Sir William Osler nicht persönlich kennengelernt, aber vor Jahren hielt er vor den Studenten der Yale University eine Rede, in der er seine tiefsten Überzeugungen und Empfindungen offenbarte, eine Rede, die, so wie einst die *Gettysburg-Address,* unsterblicher Teil der Geschichte unseres Landes geworden ist. Osler galt als der größte Arzt, der je in den Vereinigten Staaten praktiziert hat. Der gebürtige Kanadier lehrte an der Johns Hopkins University und schließlich in England. Als er beschloß, die Vereinigten Staaten zu verlassen, boten ihm die größten Finanziers des Landes beträchtliche Summen, um ihn zum Bleiben zu bewegen. Er bildete die Gebrüder Mayo aus. Er bildete Harvey Cushing aus, den größten Gehirnchirurgen unserer Zeit.

Im ersten Weltkrieg verlor Dr. Osler einen Sohn. Die besten Ärzte der amerikanischen Armee versuchten, den Jungen zu retten, doch seine Verletzungen erwiesen sich als tödlich. Voll Trauer mußten sie den Körper des geliebten Sohnes ihres hochgeachteten Vorgesetzten zu Grabe tragen. Das war für Osler der Anfang vom Ende, denn er hatte den Jungen über alles geliebt und all seine Träume in ihn gesetzt. Einige Jahre später erkrankte Osler schwer, und mit seinen unvergleichlichen diagnostischen Fähigkeiten erkannte er rasch, daß es sich um eine tödliche Krankheit handelte. In seinen letzten Stunden schrieb er etwas auf einen kleinen Zettel. Als er gestorben war, mußte man ihm diesen Zettel aus seinen kalten Händen nehmen. Die Worte, die er darauf geschrieben hatte, lauteten: »So ist also meine Reise nun fast zu Ende und der Hafen in Sicht. Es ist eine herrliche Reise gewesen, mit vielen guten Gefährten. Aber ich gehe voller Freude, denn mein Sohn erwartet mich auf der anderen Seite.«

Wollen Sie etwa allen Ernstes annehmen, ein Genie wie Sir William Osler könnte sich geirrt haben, besonders wo sein Glaube sich doch gleichermaßen auf die Wirklichkeit von Gottes Wort und die Beständigkeit des Jesus von Nazareth gründete wie auf die intellektuelle und spirituelle Geschichte der Menschheit? Niemand hat je die Nicht-Existenz von Jesus beweisen können. Er lebt, und weil Er lebt, leben auch wir.

Wenn Sie also die traurige Erfahrung machen müssen, daß ein Mensch, den Sie lieben, in der Dunkelheit verschwindet, hören Sie nur genau hin, dann werden Sie ihn sagen hören: »Wir sehen uns am Morgen.« Und wenn für Sie selbst die Zeit kommt, in die Dunkelheit zu gehen, können Sie sich damit trösten, daß jene Dunkelheit nur das Vorspiel für Ihre Rückkehr ins Licht ist.

Ist Ihnen nicht schon aufgefallen, daß jede Dunkelheit irgendwann dem Licht weichen muß? Das Licht, die Sonne, ist der Herrscher des Tages; das Licht ist die Antwort, nicht die Dunkelheit. Meine Tochter Elizabeth studierte am Mt. Holyoke College. Als ich sie dort besuchte, machten wir einen Spaziergang über den

Campus und kamen zu einer Sonnenuhr mit der Inschrift: »Für den mit einer größeren, tieferen Sicht beginnt am Rand des Schattens stets das Licht.« Wir meditierten über diesen Satz und diskutierten ihn. Auf der Tafel mit der Inschrift wird nicht angegeben, von wem der Spruch stammt, und es gibt auch keine weiteren Erläuterungen dazu. In diesem College bringen sie Mädchen bei, zu denken, und vielleicht wollen sie sie dazu bringen, auch über diese Worte nachzudenken.

Mit einer oberflächlichen, vordergründigen Sicht nimmt man nur den Schatten wahr, aber mit einer größeren, tieferen Sichtweise erkennt man, daß am Rand des Schattens immer das Licht auf uns wartet. Lassen Sie mich das anhand eines weiteren Beispiels verdeutlichen. Eines abends bestieg ich auf dem Idlewild Airport eine Maschine nach Paris. Wegen eines technischen Defekts starteten wir erst sehr spät. Der Nachthimmel war bedeckt, ohne Mond und Sterne. Es herrschte regnerisches, dunstiges Wetter, so daß es draußen sehr, sehr schwarz und finster war. Das ist schon eine erstaunliche Sache, nicht wahr? – sich in so eine mächtige Flugmaschine zu setzen und durch die Dunkelheit über den dunklen Ozean nach Osten zu fliegen. Die Stewardess kam und zog die Vorhänge vor den Kabinenfenstern zu, doch ich sagte zu ihr: »Lassen Sie meinen bitte auf. Ich möchte sehen, was ich sehen kann.«

»Es ist dunkel«, sagte sie, »warum schlafen Sie nicht?« Ich saß dort, schaute in die Dunkelheit und schließlich, sehr schwach und weit entfernt – in Paris war es zu diesem Zeitpunkt sechs Uhr morgens – erschien eine dünne Linie aus goldenem Licht. Fünfhundert Meilen weiter und eine Stunde später zerteilte diese Linie sich plötzlich und der herrliche Glanz der Morgendämmerung überflutete den Himmel.

Genau so ist es. Wenn Ihre letzte Stunde kommt und

die große Dunkelheit Sie erwartet, sollten Sie sich an die Worte auf jener Sonnenuhr erinnern: »Für den mit einer größeren, tieferen Sicht beginnt am Rand des Schattens stets das Licht.« »Wir sehen uns am Morgen.«

Daß dies wahr ist, liegt an der Natur des Universums, in dem wir leben. Wir leben nicht in einem Universum aus Materie. Materialität ist nur eine Demonstration von Spiritualität. Das Konzept eines ganzheitlichen, lebendigen, dynamischen Universums ist voller Spiritualität. Ein großer Londoner Arzt hat uns gesagt, daß es im menschlichen Körper kein einziges Gewebe gibt, das nicht im wesentlichen reiner Geist ist. Das sterbliche Fleisch wird eines Tages der Kälte anheimfallen, nicht aber der Besitzer des Körpers. Das gesamte Universum ist Geist in materieller Form. Haben Sie das in jenen tiefsinnigen Augenblicken, die jeden Menschen gelegentlich überkommen, nicht auch schon gespürt? Was sind wir? Sterblichkeit oder Geist? Sehe ich Sie? Sehen Sie mich? Ich sehe Ihren Körper, und Sie sehen meinen Körper. Wir benutzen diese Körper als Instrumente, die uns für eine Weile umhertragen. Doch Sie und ich sind Geist, und jene, die Geist sind, müssen durch den Geist leben.

Viele von uns hatten schon mystische Erlebnisse in dieser Richtung. Einmal predigte ich in Georgia bei einer Methodisten-Versammlung unter der Leitung meines guten Freundes Bischof Arthur Moore. Viele Methodisten-Prediger aus Georgia mit ihren Kirchenmitgliedern waren dort zusammengekommen. Es war eine richtige, gute alte Methodisten-Versammlung, und es gab einfach wunderbare Predigten! Dr. Charlie Allen aus Houston, ein großer, dünner, schlaksiger in der Wolle gefärbter Südstaatler, war ebenso großartig wie Bischof Moore, einer der wirklich großen Prediger unserer Zeit. Meine kleine, schwächliche Yankee-Predigt nahm sich im Vergleich dazu ziemlich bescheiden aus. Und es gab eine Menge Gesang.

Am Ende der Versammlung bat Bischof Moore alle Prediger, auf die Bühne zu kommen und gemeinsam für die versammelten Menschen zu singen. Während sie auf die Bühne kamen, sang die ganze Gemeinde: »Am Kreuz, am Kreuz sah ich zum erstenmal das Licht, und die Bürde meines Herzens wurde abgewälzt.« Während diese Prediger nach vorne gingen, saß ich bereits oben auf der Bühne. Sie alle gingen durch die Zuschauerreihen und sangen dieses alte Lied. Plötzlich sah ich ihn, meinen geliebten, alten Vater, so klar und deutlich, wie ich hier von der Kanzel aus Sie jetzt sehe.

Vor seinem Tod hatte er mehrere Schlaganfälle erlitten, konnte sich kaum mehr bewegen, und seine Stimme war nur noch ein Flüstern gewesen. Doch nun sah ich ihn dort nach vorn gehen, und mit leuchtendem Gesicht sang er: »Am Kreuz, am Kreuz sah ich zum erstenmal das Licht.« Er schien ungefähr vierzig Jahre alt zu sein; er war schlank, vital, gesund und lächelte mich an. Als er auf die alte, vertraute Weise die Hand hob, hielt es mich nicht mehr auf meinem Stuhl, so real war sein Anblick. Ich weiß nicht, was die Leute dachten. Für mich gab es in diesem Moment in dem riesigen Auditorium nur meinen Vater und mich. Dann setzte ich mich wieder hin und sah ihn nicht länger; aber das innere Empfinden seiner Gegenwart in meinem Herzen war eindeutig. So kann ich also zu meinem geliebten Vater sagen: »Wir sehen uns am Morgen.«

Warum ist Jesus Christus von den Toten auferstanden? Um zu beweisen, daß nichts stärker ist als Gottes Macht – nichts – nicht einmal der Tod.

Nun möchte ich Sie und mich selbst gerne fragen – leben wir wirklich in der Macht dieser Auferstehung?

Oder lassen wir uns durch die äußeren Umstände besiegen? Mein schlichter, einfacher christlicher Glaube sagt mir, daß es eine ungeheuer machtvolle Wirkung hat, wenn Sie ihr Herz wirklich für Jesus öffnen. Leider besitzen die meisten von uns nur eine sehr schwächliche Vorstellung von der Macht des Christentums. Wenn Sie jedoch wirklich von ganzem Herzen an die Auferstehung glauben, verleiht Ihnen das eine Kraft, die Sie unbesiegbar macht.

Ich möchte Ihnen an einem Beispiel verdeutlichen, über welche Macht jene verfügen, die in der Macht der Auferstehung leben. Einmal saß ich mit einer Dame in meinem Arbeitszimmer. Sie war so klein und zierlich, daß ihre Füße nicht bis auf den Boden reichten, während sie dort auf meiner Couch saß. Sie trug ein chinesisches Kostüm, war aber britisch durch und durch. Sie sprach ein wundervolles Cockney-Englisch, das ich immer sehr mochte. Eines Tages war sie in London zu einer Straßenversammlung der Heilsarmee gegangen und dort bekehrt worden; und wenn ich sage bekehrt, dann meine ich bekehrt. Sie wurde ein auferstandener Mensch. Dann weckte etwas ihr leidenschaftliches Interesse. Der Gentleman, für den sie arbeitete, besaß eine wunderbare Bibliothek zum Thema China, und sie fing an zu lesen.

Als ihr Arbeitgeber eines Tages unerwartet hereinkam und sie lesend vorfand, tadelte er sie. Er sagte: »Ich bezahle Sie, damit Sie Staubwischen und Putzen, nicht dafür, daß Sie meine Bücher lesen. Außerdem haben Sie mich nicht um Erlaubnis gefragt.«

»Ach, Sir«, sagte sie, »ich bin so fasziniert von China.«

»Meinetwegen dürfen Sie in den Büchern lesen«, erwiderte er. »Aber erst wenn Sie die Hausarbeit erledigt haben.«

Dann empfing sie *ihre Berufung*. Gott wollte, so

glaubte sie, daß sie als Missionarin nach China ging. Sie bewarb sich beim Missionsamt ihrer Kirche, doch dort traf sie natürlich auf hoch intellektuelle, hoch gebildete Geistliche, die sie einem intellektuellen Eignungstest unterzogen, den sie nicht bestehen konnte. Sie sagten zu ihr: Nein, Sie besitzen nicht die intellektuellen Voraussetzungen für eine solche Tätigkeit, wir können Sie nicht gebrauchen. Gab sie deshalb auf? Keineswegs. Sie hatte ihren Auftrag von einer höheren Instanz als dem Missionsamt erhalten.

Die Karriere von Gladys Aylward war so außergewöhnlich, daß danach später ein faszinierender Film mit dem Titel »Die Herberge zur Sechsten Glückseligkeit« gedreht wurde. Diese körperlich sehr kleine Gladys Aylward erzählte mir, während sie dort in meinem Arbeitszimmer saß, von der Zeit, als sie in Yangcheng und anderen Städten auf den Straßen gepredigt hatte. Woche für Woche stand das kleine englische Cockney-Mädchen dort und erzählte den Menschen, daß keine Macht auf Erden einem Christen etwas anhaben könne, weil Gott mit ihm sei und Jesus Christus mit ihm sei, und daß alle, die sich duch Jesus bekehren ließen, die Welt überwinden könnten.

Eines Tages rief der Gouverneur sie zu sich und sagte: »Wir haben ein schreckliches Problem. Im Gefängnis, wo Mörder und andere bösartige Männer von nur zwölf Soldaten bewacht werden, hat es eine Revolte gegeben. Wir können nicht hinein; sie würden uns töten. Und einer der schlimmsten Männer in dem Gefängnis läuft völlig Amok. Er hält ein riesiges Hackmesser in der Hand, hat bereits zwei Männer getötet und verbreitet Angst und Schrecken unter den anderen. Wir wollen, daß Sie dort hineingehen und ihm das Hackmesser abnehmen.«

»Sir, Sie müssen den Verstand verloren haben«, sagte sie.

»Ich habe Ihnen zugehört, wie Sie auf der Straße erzählt haben, Gott sei immer mit Ihnen. Sie haben über Daniel in der Löwengrube gesprochen und gesagt, daß Jesus Christus in Ihrem Herzen Sie beschützen werde.«

»Aber, Sir, das haben Sie mißverstanden.«

»Dann haben Sie also nicht die Wahrheit gesagt?« entgegnete er. »Dabei klang es so überzeugend, was Sie dort erzählten.«

Sie wußte, wenn sie je wieder predigen wollte, blieb ihr nichts anderes übrig, als in dieses Gefängnis zu gehen. Sie bat Jesus, mit ihr zu gehen, und fühlte sich dadurch seltsam beruhigt.

Als sie vor dem Tor des Gefängnisses stand, schlossen die Wachen es auf und sperrten es gleich hinter ihr wieder zu, solche Angst hatten sie. Sie fand sich in einem langen, engen Korridor wieder. Am anderen Ende sah sie Männer, die schreiend und fluchend umherliefen. Sie betete: »Sei bei mir, Jesus!«

Sie ging zum Ende des Korridors und sah den Amokläufer, wie er mit bluttriefendem Hackmesser einem Mann nachrannte. Plötzlich stand er unmittelbar vor ihr. Sie schauten sich an, die kleine Frau und der Riese. Sie blickte in seine wilden, flackernden Augen und sagte ruhig: »Geben Sie mir diese Waffe.« Einen Moment zögerte er; dann, vollkommen fügsam, reichte er ihr das Messer. »So«, sagte sie, »ich möchte, daß Sie sich jetzt alle in Reih und Glied aufstellen – und zwar ruhig und diszipliniert.« Widerstandslos kamen sie Gladys' Aufforderung nach.

Dann sagte sie zu ihnen: »Wie lauten Ihre Beschwerden? Ich werde dem Gouverneur darüber berichten und darf Ihnen in seinem Namen versichern, daß er, so weit möglich, für Abhilfe sorgen wird.«

Das auferstandene Leben, die Auferstehung von Jesus Christus verleiht uns spirituelle Macht für uns selbst und die ganze Welt. Sie schenkt uns die Kraft, in Seinem Namen eine bessere Welt zu erschaffen. Und alle, die mit Ihm leben, dürfen sicher sein, dereinst jene wiederzusehen, die sie geliebt, aber für eine Weile verloren haben. Vertrauensvoll können Sie zu ihnen sagen: »Wir sehen uns am Morgen.«

Achtes Kapitel

Wer das Leben nicht fürchtet, braucht auch den Tod nicht zu füchten

Es gibt einen Wunsch, den Sie und ich gemeinsam haben: Wir wollen leben; und Christus verspricht uns Leben, jetzt und in aller Ewigkeit.

Aber was genau ist eigentlich Leben? Ist es lediglich ein körperliches Gefühl? Ist es die Routine des alltäglichen Daseins? Ist es das Funktionieren des Körpers? Oder können wir sagen, daß Leben eine intellektuelle Erfahrung unseres Geistes ist? Es ist all das, aber es ist noch mehr. In seinen höheren Bereichen ist das Leben vor allem Bewußtheit, äußerstes Gewahrsein; es ist, ganz gewiß, Aufregung, Begeisterung, Vitalität!

Der berühmte Philosoph Lao-tze hat gesagt, daß Leben bedeutet, in Beziehung zu stehen; je mehr Berührungspunkte es zwischen Ihnen und der alltäglichen Welt gibt, desto lebendiger sind Sie. Das Christentum mit seiner Gabe des Lebens macht uns einfühlsamer und empfänglicher gegenüber unserer Umwelt.

An einem grauen, düsteren, regennassen Morgen betrat ich ein Kleinstadt-Café in Indiana. Das Café war voll, bis auf einen kleinen Tisch für zwei Personen, an den ich von der Bedienung plaziert wurde. Plötzlich fiel mir ein Mann auf, der mit vor Glück strahlendem Gesicht hereinkam. Die Kellnerin führte ihn an meinen Tisch und fragte, ob er sich zu mir setzen dürfe, wogegen ich natürlich nichts einzuwenden hatte. Wir saßen am Fenster, so daß man den Regen gegen die Scheibe prasseln hörte. Trotzdem begrüßte der Mann mich mit den Worten: »Ist das nicht ein herrlicher Morgen?«

»Nun, ja«, sagte ich, »wie man es nimmt. Immerhin regnet es.«

»Oh ja«, fuhr er fort, »aber sehen Sie doch nur den interessanten Kontrast zwischen dem strömenden Regen und den dunklen Zweigen der Bäume; und die Regentropfen schimmern wie Diamanten. Ist das nicht schön?« Jetzt, wo er es sagte, fielen mir diese Dinge auch auf, und seine gute Laune begann bei mir ansteckend zu wirken. Dann wechselte er das Thema. »Frühstücken in einem Café oder im Speisesaal eines Hotels ist eine faszinierende Sache, nicht wahr? Die Luft ist von angenehmen Essensgerüchen erfüllt; und ist es nicht schön, den Kaffee dampfen zu sehen?«

Nun, ich bin schon ein sehr begeisterter, positiv lebender Mensch, aber dieser Bursche war wirklich unglaublich. Also sagte ich: »Ich finde es interessant, wieviel Lebensfreude Sie ausstrahlen. Wie sind Sie zu einer solchen Haltung gelangt?«

»Nun, Sir, das will ich Ihnen sagen. Ich liebe das Leben.« Dann fuhr er nachdenklich fort: »Vor einiger Zeit hatte ich einen sehr schweren Unfall. Während mich die Ärzte im Krankenhaus wieder zusammenflickten, hörte ich von weit weg eine Stimme nach der anderen sagen: ›Der Junge hat kaum eine Chance.‹ ›Mein Gott, der ist wirklich schlimm zugerichtet.‹ ›Ich hoffe, wir können ihn retten.‹ Und trotz meiner schlimmen Verfassung sagte ich mir: ›Oh, ich will nicht sterben!‹

Tagelang hing mein Leben am seidenen Faden, aber durch die Gnade Gottes wurde ich wieder gesund. Und jetzt ist alles ganz anders, so kostbar und wundervoll. Es ist, als hätte ich vorher gar nicht wirklich gelebt. Die Menschen sind schön; die Welt ist schön; sogar ganz einfache Dinge sind faszinierend und aufregend.«

Was ist mit diesem Mann geschehen? Er hat eine vertiefte Bewußtheit erlangt, eine größere Form des Gewahrseins. Er nimmt das Leben, das für uns selbstverständlich und alltäglich ist, mit einer neuen Klarheit und Freude wahr. Lassen wir uns von seiner Begeisterung anstecken! Denken Sie darüber nach, was für ein Wunder das ist: Wir sind lebendig!

Das Leben ist jetzt und ewig. Die Bibel sagt: »Weil ich lebe, sollt auch ihr leben.« Das Leben hier auf der Erde ist wunderschön; es ist eine herrliche Welt, die beste, die wir je gekannt haben. Nur Gott konnte etwas so Schönes erschaffen. Aber dieses irdische Leben ist noch gar nichts im Vergleich zu dem, was uns erwartet. Tennyson sagte: »Der Tod ist die helle Seite des Lebens.« Das Leben besitzt zwei Seiten, diese Seite und die andere; Tennyson sagte, daß diese Seite die trübe, dunkle ist. Als Robert Louis Stevenson im Sterben lag, war sein Bewußtsein sehr klar, und er sagte zu den Menschen an seinem Bett: »Wenn das der Tod ist, dann ist er leichter als das Leben.« Das ist es, was Menschen mit großer Einsicht und Bewußtheit über das Jenseits sagen.

Ich habe Thomas Alva Edison nicht mehr persönlich gekannt, obwohl ich ihm einmal kurz begegnet bin. Aber ich kannte Mrs Thomas A. Edison und ihren Sohn, Charles Edison, Gouverneur von New Jersey. Ich war mehrfach im Haus der Edisons zu Gast und hatte das Privileg, dabei sein zu dürfen, als an Edisons hundertstem Geburtstag sein alter Schreibtisch geöffnet wurde. Hier war seit seinem letzten Arbeitstag nichts mehr angerührt worden. Die Schubladen enthielten Notizen über zukünftige Experimente, die er geplant hatte. Es heißt, daß Edison der größte Denker war, den die Vereinigten Staaten je hervorgebracht haben. Er war ein Genie, ein wissenschaftliches Genie. Und er galt als sehr exakter Wissenschaftler, der nichts sagte, dessen er sich nicht absolut sicher war.

Mrs. Edison erzählte mir von der Nacht, in der sich

Edison an der Schwelle des Todes befand. Plötzlich war es offensichtlich, daß er etwas sagen wollte, und sie und der Arzt beugten sich dicht über ihn. Mit einem Lächeln im Gesicht sagte der große Wissenschaftler: »Es ist sehr schön dort drüben.« Dieser große Mann beschrieb immer ganz exakt, was er beobachtete. Sollen wir allen Ernstes annehmen, daß Edison, der sich ganz der wissenschaftlichen Genauigkeit verschrieben hatte, plötzlich zu einem verträumten Poeten geworden war? Kaum. Er berichtete genau, was er sah: »Es ist sehr schön dort drüben.«

Der sensitive Mensch erkennt, daß diese Aussage zutrifft. Die andere Welt ist in der Tat geheimnisvoll. Wo ist sie, und was ist sie? Befindet sie sich in einem weit entfernten Himmel, irgendwo über dem Firmament? Das bezweifle ich. Gott arbeitet auf eine sehr praktische, wissenschaftliche Weise. Ist es nicht viel wahrscheinlicher, daß dieses Jenseits unser jetziges Leben gleichsam überlagert, daß es sozusagen denselben Raum einnimmt? Wir existieren am Rande einer Welt, die wir selten sehen oder spüren, mit der es aber, in besonders empfänglichen Augenblicken, eine Kommunikation gibt.

Stewart Edward White schrieb ein großartiges Buch mit dem Titel *The Unobstructed Universe*. Darin veranschaulicht er dieses Phänomen meisterhaft. Er bescheibt einen elektrischen Ventilator in abgeschaltetem Zustand; seine Bätter sind massiv, so daß man nicht hindurchschauen kann. Doch dann wird der Ventilator eingeschaltet, die Blätter beginnen mit hoher Drehzahl zu rotieren, und nun kann man durch diese massiven Blätter sehr klar hindurchsehen. Möglicherweise können wir ja eine Art spiritueller Stromleitung anzapfen, dadurch unsere Frequenz anheben und so, in Zeiten großer Sensitivität, mit der Welt auf der anderen Seite in Kommunikation treten.

Jesus erschien, verschwand dann und erschien seinen Jüngern erneut. Damit sollte uns gezeigt werden, daß Er nicht gestorben war, sondern weiterlebte! Er hat uns gesagt: »Weil ich lebe, sollt auch ihr leben.«

Daher möchte ich Ihnen, meine Freunde, sagen: Wenn Sie glauben, Sie hätten einen Menschen verloren, der Ihnen teuer war, so ist das in Wahrheit gar nicht der Fall. Dieser geliebte Mensch ist lediglich hinüber auf die andere Seite gegangen, und die andere Seite ist nicht weit von Ihnen entfernt. Unsere geliebten Verstorbenen dort leben weiter, führen ein herrliches Leben im Himmelreich. Aber sie sind überhaupt nicht weit weg. Und manchmal hebt sich der Schleier für einen kurzen Moment. Wenn Sie und ich sterben und hinübergehen, werden wir wieder mit ihnen vereint sein, für immer und ewig. Das meinen wir, wenn wir vom ewigen Leben sprechen; es ist eine besondere Bewußtheit, eine Sensitivität, eine vertiefte Wahrnehmung.

Das ist eine Botschaft von so gewaltiger Bedeutung, daß wir Menschen sie vermutlich nur erfassen können, indem wir immer wieder unseren auf spiritueller Erfahrung basierenden Glauben stärken und erneuern. Doch die Botschaft vom ewigen Leben hat noch einen anderen Aspekt: Ihre Auferstehung muß sich nicht erst nach Ihrem Tod vollziehen. Wir glauben, daß wir dann in jedem Fall auferstehen, eine herrliche Erfahrung, der wir mit Freude entgegenblicken; aber wir können auch bereits hier und jetzt eine Auferstehung erleben. Und die meisten von uns brauchen dringend eine solche Auferstehung. Wir müssen aus unserem gestorbenen Selbst emporgehoben werden zu jenem wunderbaren, höheren Leben, für das wir bestimmt sind.

So bewegt sich unser Leben stetig vorwärts im Strom der Zeit. Wir alle werden in diesen Fluß hineingeboren und von ihm unaufhörlich, unentrinnbar durch die Jahre getragen.

Wir denken nicht sehr oft an den Sinn unseres Lebens. Viel zu häufig führen wir ein oberflächliches Leben und verschwenden keinen Gedanken an diese tieferen Tatsachen unseres Daseins. Doch dann geraten wir plötzlich in eine dramatische Situation, und es wird uns bewußt, daß wir nur Pilger sind, Reisende, die vom Tag unserer Geburt bis zu unserem Tod vom ewigen Fluß des Lebens, dem wir nie entkommen können, vorwärtsgetragen werden.

Vor einiger Zeit flog ich wieder einmal nach Cincinnati, der Stadt, in der ich meine Kindheit verbrachte. Die Maschine flog tief über dem Ohio River den Flughafen an, der etwa zwanzig Kilometer außerhalb liegt. Als ich aus dem Fenster schaute, erblickte ich für einen kurzen Moment einen mir wohlvertrauten Ort. Als ich ein kleiner Junge gewesen war, fanden dort am Flußufer kirchliche Sommerfeste statt, an denen meine Eltern jedesmal mit meinen Brüdern und mir teilnahmen.

An dieser Stelle gab es einen kleinen Landungssteg, der hinaus ins schlammige Wasser des schönen Ohio River ragte. Als Kind schaute ich immer fasziniert in die mächtige Strömung dort. Ich kannte die Gewalt dieser Wassermassen, denn beinahe jeden Frühling überflutete der Ohio die kleinen und größeren Städte in dieser Gegend, wobei er manchmal bis in die Fourth Street von Cincinnati vordrang. Dann erledigten die Leute mit Ruderbooten ihre Einkäufe. Damals lief ich gerne hinaus auf den Landungssteg, warf Holzstücke in den Fluß und sah zu, wie die Strömung, die an dieser Stelle rasch um eine Biegung kam, sie zum Mississippi davontrug.

Mein Vater, der sich während seines ganzen Aufenthaltes in dieser sterblichen Welt stets ein kindliches Herz bewahrte, begleitete meine Brüder und mich gerne, um mit uns Holzstücke in den Fluß zu werfen. Aber als Pfarrer sah er natürlich in allem eine Lektion. Er konnte zu jeder Gelegenheit etwas Passendes aus der Heiligen Schrift zitieren.

Er pflegte dann auf uns zu zeigen und zu sagen: »Norman, Robert, Leonard, seht ihr diese Holzstücke? Gebt acht, daß ihr nie zu stolz werdet, denn der Fluß der Zeit wird euch davontragen genau wie dieses Holz.« Und dann fügte er hinzu: »Vergeßt nie, Gott zu dienen und Gutes zu tun, solange ihr noch auf dem Fluß der Zeit schwimmen könnt.«

Nun, als mein Flugzeug an diesem Tag über jene Stelle hinwegflog, mußte ich an die Holzstücke denken und an meinen Vater, der längst vom Fluß der Zeit fortgetragen worden war. Aber ist er wirklich fort? Sind jene, die Sie lieben, Ihnen tatsächlich vom Fluß der Zeit weggenommen worden? Keineswegs. Vor einigen Jahren sagte Lord Tweedsmuir, der berühmte Generalgouverneur von Kanada: »Die Zeit löscht nicht aus. Die Zeit bewahrt und macht heilig.«

Von uns geliebte Verstorbene sind nicht ausgelöscht worden. Sie leben für immer weiter, in der Zeit, in unserer Erinnerung, in unserem eigenen Leben. Ein Kirchenlied, das mein Vater oft zitierte, enthält eine gute Botschaft zum Jahresende:

> »O Herr, Hilfe in alter Zeit
> Und Hoffnung für die Ewigkeit,
> Unser Schutz vor Ungemach und Wind,
> Bei dir immer Zuhaus' wir sind ...«

So stehen wir also am Ufer des Zeitstromes und denken über die vorbeifließenden Jahre nach, die der Allmächtige Gott uns geschenkt hat. Die Bibel ist ein großartiges Buch, von tief einsichtsvollen Menschen geschrieben, die die Herrlichkeit und die Macht und das Drama des menschlichen Daseins erkannten. Im letzten Buch der Bibel, der Offenbarung des Johannes, heißt es in Kapitel 21, Vers fünf: »Siehe, ich mache alles neu!«

Darin ist kurz und präzise zusammengefaßt, worum es im Christentum geht. Es ist keine Religion des Alten, oder etwas längst Überlebtes. Vielmehr ist es eine Religion, die immer neu und frisch ist.

Die grundlegende Boschaft des Christentums, in schlichten, einfachen Worten zum ersten Mal zu den Frauen am leeren Grab gesprochen, lautet: »Fürchtet euch nicht; Er ist auferstanden.«

Was bedeutet das? Es bedeutet, daß Er bei uns ist, und daß Er uns Seine Unbesiegbarkeit geschenkt hat. Er hat Seine unbezahlbare Fähigkeit, jede Niederlage zu überwinden, auf uns übertragen. Ein wahrer Christ – jemand, der mit Christus jede Niederlage überwunden hat – ist in die wahre Essenz des Lebens eingetreten. Diese Botschaft sagt uns: »Ihr müßt euch vor überhaupt nichts fürchten, nicht vor dem Leben mit seinen Unwägbarkeiten, seinen Schicksalsschlägen und Konflikten, und auch nicht vor dem Tod. Ihr braucht euch nicht zu fürchten, wenn ihr in euch den automatischen Mechanismus des Glaubens entwickelt, der euch durch jede Krise trägt.«

Je länger ich lebe, desto mehr bin ich von der Größe beeindruckt, zu der der Mensch fähig ist. Ich finde die Leute einfach wunderbar, besonders jene, die vom Geist der Auferstehung durchdrungen sind. Ich wurde zu einer Frau gerufen, die schwer krank in einer Klinik lag. Als ich in ihr Zimmer kam, fragte ich sie, wie sie sich fühle. Die Direktheit ihrer Antwort verblüffte mich. Mit einem wunderschönen Lächeln sagte sie: »Körperlich, das muß ich zugeben, geht es mir gar nicht gut. Aber spirituell fühle ich mich großartig; und geistig ebenso. Körperlich, das will ich Ihnen nicht verschweigen, werde ich allerdings bald sterben.«

Ich schaute ihr in die Augen und erkannte, daß sie eine große Seele war. Ich verzichtete daher auf die üblichen, oberflächlichen Ermunterungen, daß sie schon nicht sterben werde; ich sah, daß sie ihren Zustand genau kannte. Ich werde nie vergessen, mit welch heiterer Gelassenheit und Objektivität sie jenem Ereignis entgegensah, das viele Menschen so sehr fürchten. Sie war wie ein Mensch, der sich auf eine lange Reise vorbereitet, und zwar auf eine schöne Reise. Sie zeigte keinerlei Furcht, nur tiefes Vertrauen in den Herrn.

Sie sagte: »Ich habe Sie nicht hergebeten, weil ich selbst viel Trost nötig hätte, sondern um Sie zu ermutigen, weiterhin die christliche Botschaft der Hoffnung und des Glaubens zu verkünden. Sagen Sie den Leuten auch weiterhin, daß Jesus Christus ihnen auf jede erdenkliche Weise beistehen wird, wenn sie sich für Ihn öffnen und in seiner Gegenwart leben.« Wieder erschien dieses liebenswerte Lächeln auf ihrem Gesicht. »Er ist mir so nah.« Und dann fügte sie noch einen Satz hinzu, der mir unvergeßlich ist: »Ich fürchte das Leben nicht, und ich fürchte den Tod nicht.«

Das war eine der eindrucksvollsten Begegnungen, die ich je hatte. Als ich mich erhob, um sie zu verlassen, wußte ich, daß ich sie nicht wiedersehen würde. Ich blieb am Fuß des Bettes stehen und sagte: »Sie sind eine wirklich beeindruckende Dame. Jemand wie Sie ist mir nur selten begegnet. Sie fürchten das Leben nicht, und sie fürchten den Tod nicht. Damit haben Sie den größten aller möglichen Siege errungen. Wohin Sie im großen Reich der Ewigkeit auch gehen mögen, Jesus wird immer bei Ihnen sein.«

Diese Frau fürchtete sich nicht vor dem Leben, aber so viele andere Menschen fürchten sich davor. Sie fürchten sich vor allem, was das Leben ihnen bringen oder vorenthalten könnte, vor allem, was ihnen widerfahren könnte. Sie fürchten sich zum Beispiel vor der Unsicherheit dieser Welt. Wir sind eine Generation, die sich ganz besonders vor Unsicherheit fürchtet. Viele fürchten sich vor Krankheit. In den Zeitungen liest man ständig von Leuten, die Herzanfälle bekommen, an Krebs oder anderen Erkrankungen leiden. Ich weiß nicht, warum die Zeitungen das tun, aber sie berichten andauernd über solche Dinge. Die Zeitungen sind in dieser Hinsicht die größten Angstmacher in der Geschichte der Menschheit.

Die Leute fürchten sich vor Krankheit, davor, nicht genug Geld zu haben, vor Börsenkrächen oder Arbeitslosigkeit. Sie fühlen sich hilflos und den Umständen nicht gewachsen. Selbst, wenn es ihnen relativ gut geht, fürchten sie sich vor all den Krisen, die das Leben mit sich bringen kann. Für viele Menschen ist das Leben eine schreckliche Erfahrung.

Wie können wir an einen Punkt gelangen, wo wir uns nicht mehr vor dem Leben fürchten? Einfach, indem wir uns von Jesus auferwecken, verwandeln, bekehren lassen. Dann ist Ihr Geist erfüllt von der Unbesiegbarkeit Gottes im Namen von Jesus Christus. So erwerben Sie einen Glauben, der so fest in Ihnen verankert ist, daß Sie in Krisenzeiten – die keinem von uns erspart bleiben – dem Leben ins Gesicht schauen können und keine Angst haben müssen.

Der englische Journalist E. C. Edgar war ein Reporter von geradezu unstillbarer Neugierde. Er mußte sich einer sehr schweren Operation unterziehen, und aus verschiedenen Gründen konnten die Ärzte ihm keine Vollnarkose geben. Aber er hatte ohnehin auf eine Vollnarkose verzichten wollen, um diese Sache ganz bewußt miterleben zu können. Während der Operation wurde seine Herztätigkeit überwacht, und mehrere Male drohte sein Herz stillzustehen. Hinterher berichtete er, daß sein Wunsch zurückzukehren dahinschwand, je tiefer er sank. Es gab einen Moment – und der Arzt bestätigte später diesen kritischen Augenblick – als Edgar gar nicht mehr zurückkommen, sondern ganz hinübergehen wollte. Was er sah, während er immer weiter den Fluß überquerte, war so schön, daß es ihn beinahe unwiderstehlich anzog.

Dann war da einer meiner guten Freunde, ein Meteorologe, den ich in seiner letzten Stunde begleitete. Als er den Nebel des Tales rings um sich aufsteigen fühlte, sagte er plötzlich zu seinem Sohn, der neben seinem Bett saß: »Jim, ich sehe wunderschöne Gebäude. Und in einem davon ist ein Licht, und dieses Licht ist für mich. Es ist sehr, sehr schön.« Dann verließ er uns. Jim und ich sind sicher, daß er zu einem Ort des Friedens und der Schönheit hinüberging.

Jim sagte zu mir: »Mein Vater hat nie auch nur einen Zentimeter mehr Niederschlag gemeldet, als tatsächlich gefallen ist. Er hätte niemals etwas berichtet, was nicht den Tatsachen entsprach. Warum hätte er zuletzt von dieser festen Gewohnheit abweichen sollen? Nein, er hat berichtet, was er dort drüben wirklich sah.«

Wie steht es in der Bibel? »Fürchtet euch nicht; Er ist auferstanden.«

Paulus glaubte an den auferstandenen Herrn. Er lebte im Vertrauen auf Jesus. Er vertraute Ihm im Leben und im Tod, denn er wußte, er würde mit Ihm auferstehen in jenem anderen, unvorstellbar schönen Land. Wir, die Kinder von Jesus Christus, können mit Ihm leben und brauchen weder das Leben noch den Tod zu fürchten.

Neuntes Kapitel

Das Prinzip der Todlosigkeit

»Ich bin die Auferstehung und das Leben. Wer an mich glaubt, der wird leben, ob er gleich stürbe; und wer da lebt und glaubt an mich, der wird niemals sterben.« Das ist, dessen bin ich mir sehr wohl bewußt, eine kolossale Behauptung. Aber Sie werden feststellen, daß es im Christentum nur solche Superlative gibt. Die Bibel verspricht die erstaunlichsten Dinge, und sie hält alle ihre Versprechungen. Für gewöhnlich gehen wir davon aus, daß sich das Wort »Auferstehung« auf das ewige Leben nach dem physischen Tod bezieht. Aber in der Bibel gibt es keine solche zeitliche Trennung; wir befinden uns bereits jetzt in der Ewigkeit. Wir existieren im Fluß des unsterblichen Lebens. Tatsächlich schließt die Bibel den Tod als Möglichkeit aus, vom Tod der Seele einmal abgesehen. Das Wort »Auferstehung« bedeutet daher, daß ein Mensch, der schon zu Lebzeiten wie tot ist, auferstehen kann. Sie wissen ebensogut wie ich, daß heutzutage eine Menge Leute herumlaufen, die innerlich wie tot sind.

Wann ist man lebendig? Je mehr Sie in Kontakt mit dem Leben sind, desto lebendiger sind Sie. Wenn Sie Ihre Begeisterung verlieren; wenn Sie das Staunen verlernen; wenn Sie nicht länger Anteil nehmen an dem, was um Sie herum geschieht; wenn Sie nicht mehr weinen können; wenn das Gute, das Schöne Sie nicht länger inspiriert und fasziniert; wenn Sie nicht mehr träumen und keine Visionen mehr haben; wenn Ihr Leben glanzlos, eintönig und ohne Schwung ist – dann ist in Ihnen etwas gestorben, auch wenn Sie äußerlich viel-

leicht erst zwanzig Jahre alt und körperlich gesund sind. Dann muß dieses Tote in Ihnen wieder zum Leben erweckt werden, auferstehen.
Es gibt einen viel zitierten Text, der zum Schönsten gehört, was ich je gelesen habe. Es handelt sich um einen Auszug aus einer Rede General Douglas MacArthurs, eines Meisters der englischen Sprache, wie er heutzutage kaum seinesgleichen findet. Die betreffende Stelle lautet:

»Die Jugend ist kein bestimmter Lebensabschnitt – sie ist eine Geisteshaltung. Sie ist keine Frage von vollen Wangen, roten Lippen und beweglichen Knien, sondern von Willenskraft, Phantasie und Gefühlstiefe! Sie ist eine Frische, die sich aus den tieferen Quellen des Lebens speist.

Sie bedeutet, daß in unserem Temperament der Mut stärker ist als die Ängstlichkeit, die Abenteuerlust stärker als die Bequemlichkeit.

Niemand wird alt, einfach weil er eine bestimmte Anzahl von Jahren gelebt hat; die Menschen werden alt, wenn sie ihre Ideale aufgeben. Die Jahre lassen die Haut faltig werden, wer aber seinen Enthusiasmus aufgibt, bekommt Falten auf der Seele. Sorgen, Zweifel, Mißtrauen gegen sich selbst, Furcht und Verzweiflung – das sind die langen, langen Jahre, die unseren Nacken beugen und unseren Geist zu Staub werden lassen.

Im Herzen jedes Menschen, ob er nun siebzig oder sechzehn ist, wohnt die Liebe für das Wunderbare, das süße Erstaunen über die Sterne und alle sternengleichen Dinge und Gedanken, das Verlangen nach Herausforderungen, der unerschöpfliche kindliche Hunger nach Neuem, und die Freude am Spiel des Lebens.

Sie sind so jung wie Ihr Glaube, so alt wie Ihre Zweifel; so jung wie Ihr Selbstvertrauen, so alt wie Ihre Furcht; so jung wie Ihre Hoffnung, so alt wie Ihre Verzweiflung.

Im Zentrum Ihres Herzens gibt es einen Funkempfänger; solange er Botschaften der Schönheit, Hoffnung, Freude, Tapferkeit, Erhabenheit und Kraft empfängt, solange sind Sie jung.

Ist aber dieser Empfänger außer Betrieb und Ihr Herz unter dem Schnee des Pessimismus und dem Eis des Zynismus begraben, dann sind Sie wirklich alt geworden.«

Und, darf ich hinzufügen, dann ist Ihre Seele tot. Der Mensch war nie dazu bestimmt zu sterben; er war zum Leben bestimmt. Der christliche Glaube verhilft uns zu Lebendigkeit, Vitalität, Staunen, Begeisterung und Kraft. Und die Auferstehung der Toten vollzieht sich jeden Tag. Ich habe oft genug gesehen, wie Jesus Christus Menschen von den Toten auferstehen ließ. »Er spricht, und wenn sie Seiner Stimme lauschen, erwachen die Toten zu neuem Leben.« Das habe ich mit eigenen Augen gesehen. Die Fähigkeit Jesu, Menschen ins Leben zurückzuholen, erfüllt mich immer wieder mit unbändiger Begeisterung. Auch ich habe manchmal das Gefühl, innerlich abzusterben. Das Leben wird schwierig. Das Leben wird sorgenvoll. Der Druck lastet schwer auf mir. Jeder von uns kann innerlich sterben. Aber das muß nicht sein; denn Er ist hier, um Sie von den Toten aufzuwecken.

Wenn Sie nicht mehr über so viel Schwung, Begeisterung, Eifer und unbezähmbare Energie verfügen wie früher, sollten Sie sich den heilenden Händen Jesu Christi anvertrauen. Er kann Ihnen neues Leben einhauchen.

Wenn ich das für nötig hielte, würde ich versuchen, Ihnen zu beweisen, daß es keinen Tod gibt, aber diesen Versuch habe ich schon vor langer Zeit aufgegeben. Wir brauchen dafür keine Beweise, außer zur Befriedigung unserer Neugierde.

Ich, ein Prediger der christlichen Religion, sage Ihnen, daß ich nicht im geringsten an der Fortführung des Lebens nach dem sogenannten »Tod« zweifle. Ich persönlich bin mir da vollkommen sicher. Ich bin sicher, daß jene geliebten Menschen, die vor uns gegangen sind, nun in einem Reich weiterleben, das schöner ist als alles, was wir hier kennen. Und sie sind uns möglicherweise sehr nahe. Was ist das Jenseits? Die meines Erachtens befriedigendste Erklärung ist die, daß es sich dabei um einen anderen Frequenzbereich handelt. Deswegen sieht manchmal, wie Robert Ingersoll sagte,»in der Nacht des Todes die Hoffnung einen Stern, und hört die lauschende Liebe das Rauschen eines Flügels«. Diese mystischen Erlebnisse, die sich hin und wieder einstellen, erklären sich aus der großen Nähe zwischen der jenseitigen Welt und unserem gegenwärtigen Leben.

Einer der Gründe für meinen diesbezüglichen Glauben ist, daß es so in der Bibel steht. In der Bibel steht nichts Unwahres. Ich lese schon sehr lange in der Bibel und habe mich bisher immer auf sie verlassen können. Ich verstehe sie nicht in jedem Punkt, aber sie ist absolut zuverlässig, sonst würde sie nicht nach zweitausend Jahren immer noch einen solchen Rang einnehmen, während alle anderen Bücher in Vergessenheit geraten. Henri Bergson, der französische Philosoph, hat uns gesagt, daß wir die Wahrheit durch Wahrnehmung, durch Intuition finden können. Bis zu einem gewissen Punkt gebraucht man seinen Verstand; dann wagt man mit seiner Intuition einen Sprung, und die Wahrheit »blitzt« in einer plötzlichen Einsicht auf.

Als meine Mutter gestorben war, vermißte ich sie zwar körperlich, doch ihre geistige Gegenwart vermisse ich nicht, denn ich weiß, daß sie immer bei mir ist. Sie redete gerne und viel, gehörte aber zu jenen Menschen, die wirklich etwas sagen, wenn sie reden. Es fiel ihr schwer, während eines Gottesdienstes schweigend dazusitzen, denn es kam ihr fast immer irgendeine lustige Bemerkung in den Sinn. Sie inspirierte mich oft mit ihren frischen und schöpferischen Gedanken. Das tut sie auch heute noch. Ich hatte eine herrliche Zeit mit ihr, denn sie war eine faszinierende Persönlichkeit. Wenn ich meine Eltern in Ohio besuchte, schaffte ich es meistens irgendwie, zum Frühstück dort zu sein, denn das war eine Mahlzeit, an die meine Mutter glaubte. Sie hielt es mit der alten amerikanischen Tradition, daß das Frühstück die wichtigste Mahlzeit des Tages ist. Dieses Wiedersehen am Frühstückstisch war immer eine herrliche Sache.

Wir begruben ihren physischen Körper auf einem kleinen Friedhof auf dem Land, im südlichen Ohio. An jenem Tag war mein Herz schwer. Die Beerdigung war im Sommer, und als der Herbst kam, wollte ich wieder mit meiner Mutter zusammensein. Ich nahm einen Nachtzug nach Ohio und sagte mir, daß es nie mehr so sein würde wie früher. An einem kalten, grauen Herbsttag traf ich in der kleinen Stadt ein und ging zum Friedhof. Das gefallene Laub raschelte unter meinen Füßen. Ich saß an ihrem Grab, sehr einsam, und fühlte mich sehr klein und traurig.

Dann teilten sich ganz plötzlich die Wolken. Die Sonne kam durch und ließ die Herbstfärbung des Hügellandes aufleuchten, wo ich aufgewachsen war, und wo auch meine Mutter als kleines Mädchen gespielt hatte. Während ich dort saß, schien ich »ihre« Stimme zu hören. Es war, als ob sie sagte: »Warum suchst du die Lebenden bei den Toten? Ich bin nicht hier. Glaubst du, ich würde mich an einem so dunklen, gräßlichen Ort festhalten lassen?« Plötzlich fühlte ich mich glücklich, und ich erkannte die Wahrheit – sie lebte. Ich hätte vor Freude laut rufen können. Ich war so glücklich. Ich stand auf, legte meine Hand auf den Grabstein und sah das Grab als das, was es tatsächlich war – nur ein Ort, wo die sterblichen Überreste eines Körpers ruhten, den seine Trägerin abgelegt hatte wie einen Mantel, den sie nicht länger brauchte. Ich verließ den Friedhof und bin seither erst ein einziges Mal dorthin zurückgekehrt.

Ja, es gibt einen geheimnisvollen Faktor im Universum. Es ist ein dynamisches Universum angefüllt mit Schönheit und Wundern.

Catherine Marshall, die Witwe Peter Marshalls, des einstigen Pfarrers des Senates der Vereinigten Staaten, hat ein sehr schönes Buch mit dem Titel *A Man Called Peter* geschrieben. Marshall war einer der größten Prediger, den dieses Land je hervorbrachte. Er starb im Alter von nur sechsundvierzig Jahren, weil er sich im Einsatz für das Reich Gottes so sehr aufrieb, daß er eines Nachts einen Herzanfall erlitt. Er wurde ins Krankenhaus gebracht, und seine Frau wußte nicht, ob sie ihn je lebend wiedersehen würde. Sie betete darum, daß sein Leben verschont werden möge. Während des Gebetes fühlte sie sich, schreibt sie, plötzlich ganz von der grenzenlosen Liebe Gottes umgeben. Ein unbeschreiblicher Frieden erfüllte sie. Sie hielt das für ein Zeichen, daß ihr Mann überleben würde, doch um acht Uhr am nächsten Morgen teilte man ihr seinen Tod mit.

Als sie das Krankenzimmer betrat, in dem sein Körper lag, »sah« sie zwei leuchtende Erscheinungen. Sie schreibt, daß sie sie nicht mit ihren physischen Augen sah, sondern mit ihren spirituellen Augen; zwei warme Erscheinungen, ihren Mann und den Herrn. Sie blieben für einen Moment bei ihr, und sie beschreibt das als die bewegendste Erfahrung ihres Lebens. Als sie sie verließen, blieb ein heiliges Leuchten zurück.

Das entspricht genau dem, was uns Jesus über solche Phänomene gelehrt hat. Es ist, als wollte Er uns sagen: »Wenn ihr Mich nicht seht, bedeutet das nicht, daß Ich nicht bei euch bin.« Jene, die im Herrn sterben, leben mit Ihm, und daher leben sie auch mit uns, genau wie Er. Der menschliche Geist hat immer wieder mystische Erlebnisse, die diese Wahrheit bestätigen. Das Universum ist erfüllt von dynamischen, mystischen, elektronischen, atomaren Kräften, die sich bislang unserem Verständnis entziehen.

Das Christentum ist etwas Lebendiges. Es besitzt eine enorme Macht. Es ist ein todloses Lebensprinzip. Es ist die Auferstehung, die alle Widerstände überwindet, sogar den Tod.

Einstein sagte, daß Materie und Energie austauschbar sind, daß sie ein und dasselbe sind. Sir James Jeans, einer der größten Wissenschaftler überhaupt, erklärt, daß die gesamte Welt aus Schwingungen besteht. Materialistische Wissenschaftler des neunzehnten Jahrhunderts hielten die Welt für rein materiell. Die Wissenschaftler des zwanzigsten Jahrhunderts betrachten sie als etwas auf dynamische Weise Spirituelles. Immerhin hat William James gesagt: »Offensichtlich gibt es einen großen, universalen Geist, und da der Mensch immer wieder in diesen universalen Geist eintritt, muß er ein Fragment davon sein.« Daß gelegentlich Erkenntnisse aus dem universalen Geist im Bewußtsein des Menschen aufblitzen, deutet darauf hin, daß der Zerfall des Körpers nach dem Tod überhaupt nichts bedeutet. Dieses andere Selbst in uns ist das reale und unsterbliche Selbst. Die Kräfte im Leben, die unser Verstehen übersteigen, können wir als jenes unzerstörbare Selbst definieren, das vereint mit Gott ist.

Nun, die Bibel hat uns gesagt – und warum wir das nie völlig begriffen haben, weiß ich nicht – daß Er nach seiner Auferstehung vielen Menschen erschienen ist. Sie sahen Ihn, und dann verschwand Er. Der Gang nach Emmaus ist ein leuchtendes Beispiel dafür. Den beiden Männern, die nach Emmaus unterwegs waren, begegnete ein außergewöhnlicher Fremder. Hinterher sagten sie: »Brannte nicht unser Herz in uns, da er mit uns redete auf dem Wege ...?« (Lukas 24,32.) Dann, als sie ihn erkannten, verschwand Er vor ihnen.

Diese Erscheinungen fanden meines Erachtens statt, um den Menschen zu zeigen, daß Er nicht von ihnen gegangen war, auch wenn es so aussah. Um dies als universelle Erfahrung der Menschheit offenkundig zu machen, sagte Jesus: »Ich lebe, und ihr sollt auch leben.« (Johannes 14,19.) Daß wir unsere geliebten Verstorbenen nicht länger in fleischlicher Gestalt sehen können, bedeutet nicht, daß sie nicht mehr am Leben sind. Sie sind in diesem dynamischen, geheimnisvollen Universum gegenwärtig und lebendig.

Dies kam mir zum erstenmal deutlich zu Bewußtsein, als ich die Nachricht vom Tod meiner Mutter erhielt. Ich lebte in New York City; sie starb draußen auf dem Land. Ich ging in die Marble Church und setzte mich in die Kanzel. Warum tat ich das wohl? Weil sie mir immer gesagt hatte: »Norman, wann immer du in dieser Kanzel bist, werde ich bei dir sein.« Ich ging also dorhin, um ihre Gegenwart zu spüren. Auf dem Pult liegt eine Bibel; sie lag an jenem Morgen dort; sie hat seither immer dort gelegen und ist nun alt und abgegriffen. Diese Bibel wird dort liegen, solange ich von dieser Kanzel predige, und danach werde ich sie mitnehmen, wohin ich auch gehe. Ich beginne nie eine Predigt, ohne zuvor meine Hände auf diese Bibel gelegt zu haben. Ich tue das, weil ich an jenem Morgen, als ich mit meiner Hand auf der Bibel hinaus auf die Fifth Avenue schaute, plötzlich zwei Hände spürte, die sich sehr sanft auf meinen Kopf legten. Dabei empfand ich eine unaussprechliche Freude.

Meine Neigung, zu philosophieren, nach rationalen Erklärungen zu suchen und alles in Frage zu stellen, hat mir seit jeher zu schaffen gemacht. Sogar damals fing ich an, dieses Erlebnis anzuzweifeln und überlegte, ob es sich nicht um eine durch den großen Schmerz verursachte Halluzination gehandelt haben könnte. Aber mein Versuch, die Sache rational wegzuerklären, schien mir selbst wenig überzeugend. »Norman«, sagte ich mir, »warum schwingst du dich nicht einfach zu den Höhen des spirituellen Glaubens hinauf und machst dir klar, daß du in einem dynamischen Universum lebst, daß die Bibel recht hat, wenn sie sagt: ›Selig sind die Toten, die in dem Herrn sterben‹ (Offenbarung 14,13) und ›ich lebe, und ihr sollt auch leben‹?«

Leben wir nicht in einer Zeit voller ungeheurer Wunder? Vor fünfzig Jahren hätte kein Mensch auch nur im Traum erahnt, was wir heute über unser materielles Universum wissen. Wollen Sie wirklich so skeptisch sein, die Existenz jener erstaunlichen spirituellen Welt anzuzweifeln, die von der Wissenschaft nun allmählich erforscht wird? Ich sage Ihnen, wir sind von einer großen Wolke umgeben, in der alle weiterexistieren, die wir lieben. Wenn Sie ganz still werden und aufblicken wie ein kleines Kind, werden Sie die Berührung durch die Hand Ihrer Mutter beinahe spüren können. Tief in Ihrem Herzen werden Sie dann ihr Gesicht und das Leuchten in ihren Augen sehen können, und Sie werden ihre Stimme hören. Sind wir letztlich nicht alle kleine Kinder? Sie leben für immer in diesem dynamischen Universum.

Aber ich sage mir auch: Ich würde es nicht wagen, ein unchristliches Leben zu führen, denn in der Bibel heißt es ganz klar: »Jeder, der sündigt, soll sterben.« (Hesekiel 18,4.) Es wird uns gesagt, daß nur jene Menschen das ewige Leben erhalten, die ein spirituelles Leben führen. Wenn Sie in diesem dynamischen Universum weiterbestehen möchten, sollten Sie sehr genau über diese tiefe Wahrheit nachdenken. Die Prediger früherer Tage hatten recht, wenn sie sagten, daß wir nur leben können, wenn wir die Sünde überwinden, weil es die Sünde ist, die uns zerstört.

Ich glaube an den Sieg. Ich glaube, daß der Mensch geschaffen wurde, um sich selbst und alle äußeren Umstände zu überwinden und etwas aus sich zu machen. Ich halte es nicht mit denen, die sagen, Menschen sollten Kompromisse machen und kapitulieren. Wie kann ein Kind Gottes nicht siegreich sein wollen? Nichts in dieser Welt ist stärker als die Spiritualität. Jesus hat den Tod besiegt; mit Ihm besiegen auch wir den Tod.

Betrachten wir einmal das Kreuz. Ist Ihnen je aufgefallen, daß es sich dabei um ein Pluszeichen handelt? Es ist kein Minuszeichen. Sagt die Bibel uns nicht, daß das Christentum ein Additionsvorgang ist? »Trachtet am ersten nach dem Reich Gottes«, – also dem Kreuz – »so wird euch alles zufallen.« (Matthäus 6,33.) Es fällt uns also etwas zu, etwas wird hinzugefügt, nichts subtrahiert.

Was bedeutet die Auferstehung Christi wirklich? Sie bedeutet genau das, was ich eben gesagt habe. Sie bedeutet, daß nichts auf der Welt den christlichen Geist im Leben eines Menschen besiegen kann.

Auferstehung ist kein Vorgang, bei dem ein Körper aus einem Grab geholt oder Staub zusammengefügt wird, damit ein materieller Körper wieder leben kann. Auferstehung geschieht, wenn Sie Jesus Christus geistig akzeptieren, sich mit Ihm identifizieren, ein Teil von Ihm werden, und Er ein Teil von Ihnen. Durch diese Identifikation mit dem todlosen Christus erwerben Sie das ewige Leben. Mit Jesus leben bedeutet, im Geiste leben. Auch wenn Ihr Körper eines Tages in ein Grab gelegt wird, werden Sie doch niemals begraben werden. Wie könnte man auch einen Geist in ein Grab legen?

Hier ist eine weitere Bibelstelle, die diese Tatsachen wunderbar veranschaulicht: »Das ist aber das ewige

Leben, daß sie dich, der du allein wahrer Gott bist, und den du gesandt hast, Jesus Christus, erkennen.« (Johannes 17,3.) Sie empfangen das ewige Leben, indem Sie sich als ganze Person mit Gott identifizieren.

Und noch eine andere Stelle: »Denn wir wissen: wenn unser irdisch Haus, diese Hütte, zerbrochen wird, so haben wir einen Bau, von Gott erbaut, ein Haus, nicht mit Händen gemacht, das ewig ist im Himmel.« (2. Korinther 5,1.) Ein irdisches Haus. Was für eine schöne Bezeichnung. Ich bewohne diesen Körper für viele Jahre. Wozu habe ich ihn? Damit ich in ihm wohne. Schließlich kommt die Zeit, wenn mein Körper alt oder schwach oder krank wird. Dann stirbt er. Ich brauche ihn nicht länger, und er löst sich auf. Aber das Evangelium verheißt mir einen anderen Körper. Vielleicht existiert dieser andere Körper bereits in einem anderen Bereich der Natur. Vielleicht ähnelt seine Gestalt dem physischen Körper – das vermag ich nicht zu sagen. Aber er besteht nicht aus Materie, sondern aus spiritueller Energie. So sind Gottes geheimnisvolle Wege.

In meinem Leben kam der Tag, als ich der Beisetzung der sterblichen Hülle meines Vaters beiwohnen mußte. Ich hatte ihn gekannt, als er heiter, aufrecht und stark gewesen war, ein wunderbarer Mann. Dann, im Lauf der Jahre, hatte ich mit ansehen müssen, wie sein Körper immer hinfälliger wurde, geschwächt durch eine Reihe von Schlaganfällen. Seine Hände wurden steif und krumm und seine Stimme so leise, daß man ihn kaum noch verstehen konnte. Dann legte er sich eines Tages für immer hin, und sein irdisches Haus tat den letzten Atemzug. Sein Arzt sagte, als er aus dem Sterbezimmer kam: »Er war wirklich ein prachtvoller Mensch! Solche wie er sind selten. Das Licht der Erkenntnis leuchtete aus seinen Augen, bis ich sie schloß.«

Also brachte ich, in Begleitung der Familie, den Körper meines Vaters zurück nach Ohio und stand auf dem Friedhof, um die letzten Worte zu sprechen. Das hätte ich mir lieber erspart, denn ich fühlte mich sehr elend; aber ich wußte, daß es sein Wunsch war – und darum tat ich es. Das irdische Haus war zerbrochen worden. Und ich las jene Worte: »Denn wir wissen: wenn unser irdisch Haus, diese Hütte, zerbrochen wird, so haben wir einen Bau, von Gott erbaut ...«

Wie grenzenlos ist doch Gottes Güte! Jesus sagte: »In meines Vaters Haus sind viele Wohnungen. Wenn's nicht so wäre, würde ich dann zu euch gesagt haben: Ich gehe hin, euch die Stätte zu bereiten?« Gott wird Sie niemals im Stich lassen, wenn Sie auf Seine Wahrheit vertrauen. Jesus hat uns auch gesagt: »Ich will wieder kommen und euch zu mir nehmen, damit ihr seid, wo ich bin.« »Ihr aber sollt mich sehen, denn ich lebe, und ihr sollt auch leben.« (Johannes 14.)

Öffnen Sie Ihren Geist für diesen Gedanken, machen Sie sich diesen Glauben zu eigen, und Sie können jetzt, augenblicklich, in das ewige Leben eintreten. Die Vorstellung, daß die Ewigkeit irgendwann in der Zukunft liegt, ist irreführend. Die großen Realitäten des Lebens sind nicht durch die Zeit begrenzt. Wir befinden uns bereits jetzt im Fluß der Ewigkeit. Dostojewski, der große russische Denker, sagte: »Wir sind Bewohner der Ewigkeit.«

Leben und denken Sie wie ein Bewohner der Ewigkeit? Oder machen Sie sich zum Opfer Ihrer physischen Sinne? Leben Sie völlig danach, wie sich etwas anfühlt oder wie es schmeckt? Denken Sie daran, daß das physische Haus sich eines Tages auflösen wird und Ihre physischen Sinne mit dem Körper sterben. Dann werden Ihnen Sinne und Empfindungsmöglichkeiten gegeben werden, die all Ihre kühnsten irdischen Träume übersteigen. Daher sollten Sie schon jetzt Ihren Sinn für die Ewigkeit kultivieren, den Glauben an die Ewigkeit, den Vorgeschmack auf die Ewigkeit. Das ist die Beziehung des Menschen zum ewigen Leben.

Aber woher, höre ich Sie fragen, weiß er das alles? Dieses Wissen kommt, wie ich schon sagte, aus der Heiligen Schrift. Doch auch die uns umgebende Welt enthält viele eindeutige Zeugnisse. Haben Sie diese Welt schon einmal wirklich aufmerksam beobachtet? Wissen Sie, woraus sie sich zusammensetzt? Viele Menschen benötigen dringend einen Augenarzt. Ihr Sehvermögen ist beeinträchtigt. Sie laufen wie im Halbdunkel umher, sehen alles unscharf. Dann verpaßt der Augenarzt ihnen eine Sehhilfe, und nun sehen sie alles mit großer Klarheit.

Manche religiösen Menschen halten diese Welt für etwas Kleines und Unwichtiges. Sie haben sich ein kleines mechanisches System zusammengebastelt und begnügen sich damit. Doch der Gott, der diese Welt erschaffen hat, ist ein gewaltiger Gott. Es gibt unermeßliche Kräfte darin, die wir nicht verstehen. Und hinter diesen Kräften gibt es Tausende weitere Kräfte, mächtiger als unsere kühnsten Träume. Überlegen Sie, was die moderne Wissenschaft heute über die Welt weiß, im Vergleich zu unserem Wissen vor fünfzig Jahren! Doch die Kräfte, die die Wissenschaft heute erforscht, waren immer schon vorhanden. Wir haben sie lediglich erst jetzt entdeckt, das ist alles. Das gesamte Universum ist von Leben erfüllt. Und Gott, der diese Phänomene erschuf, hat auch die Unsterblichkeit erschaffen.

Zehntes Kapitel

Jetzt leben – und dann

Das Thema dieses Buches ist so gewaltig, und der menschliche Verstand so klein, daß es vermutlich am vernünftigsten ist, gar nicht erst den Versuch zu machen, diese großen Wahrheiten zu begreifen. Am besten ist es wohl, sich ganz auf die Bibel zu verlassen, das größte Wahrheitsbuch, das der Menschheit je geschenkt wurde, und das beständigste. Alles andere hat seine Zeit und gerät dann in Vergessenheit. Nur die Bibel lebt weiter.

Das Neue Testament wurde von hochintelligenten Leuten geschrieben. Paulus von Tarsus war einer der brillantesten Männer der antiken Welt. Manche Gelehrte sind sogar der Ansicht, daß er einer der größten Denker aller Zeiten war. Und niemand hat ihn je für eine hysterische Persönlichkeit gehalten.

Wenn Paulus etwas schrieb, dann handelte es sich dabei um Fakten. Und der andere Schriftsteller, der mit ihm zusammenarbeitete, war ein Arzt namens Lukas. In jeder Gemeinde der Antike war der Arzt die Person mit dem höchsten Bildungsstand. Johannes, ein anderer Jünger, erwies sich ebenfalls als äußerst begabt. Diese Männer, Johannes, Lukas und Paulus waren begnadete Autoren. Sie verstanden es, die größten Wahrheiten auf kurze, prägnante Art darzulegen. Auf der ganzen Welt hat es weder davor noch danach andere Autoren gegeben, die sich mit diesen drei hätten messen können. Diese Männer sind unsterbliche Genies.

Daher berichten sie auf einfache, leicht verständliche Weise von einem großen Ereignis. Ein Mann namens

Jesus Christus, Gottes Sohn, starb am Kreuz. Sein Leichnam wurde abgenommen und in ein Grab gelegt. Nach drei Tagen stand Er, Jesus, von den Toten auf. Um dies zu beweisen, erschien Er während eines Zeitraums von sechs Wochen unter ganz unterschiedlichen Umständen vor zahlreichen Menschen.
Einmal erschien Er vor einer Versammlung von fünfhundert Menschen. Man kann nicht fünfhundert Leute täuschen, wenn jemand vor ihren Augen erscheint. Sie sahen Ihn. Viele dieser Leute waren dreißig, vierzig oder fünfzig Jahre nach den Ereignissen noch am Leben, so daß Lukas und Paulus sie als Augenzeugen für die Tatsache, daß Jesus von den Toten auferstanden war, heranziehen konnten.
Auch erschien er in geschlossenen Räumen, wo seine Jünger sich versammelt hatten, und sie fürchteten sich vor seinem Anblick. Jesus sagte zu ihnen: »Was habt ihr denn? Seht ihr mich nicht? Zweifelt ihr an mir? Wo ist euer Essen? Gebt mir etwas davon.« Und sie sahen zu, wie er tatsächlich etwas von ihren Speisen aß.
Ein Geist oder eine Erscheinung ißt nichts. Doch selbst da zweifelten einige von ihnen immer noch. Also ging Jesus noch weiter: »Berührt mich, fühlt, daß ich wirklich da bin. Seht die Wundmale auf meinen Händen und Füßen. Berührt meinen Körper.« Das taten sie und waren überzeugt, daß Er wirklich lebte.
Viele Jahre später übersetzte ein großer Gelehrter aus Oxford, J. B. Phillips, das Neue Testament in unsere heutige Sprache. Während dieses Unterfangens prüfte er, gründlich wie niemand zuvor, jedes antike und moderne Dokument bezüglich der Auferstehung Christi von den Toten. Dabei kam Dr. Phillips, einer der qualifiziertesten modernen Gelehrten, zu dem Schluß, daß auch nicht der leiseste Zweifel an der Realität dieser Auferstehung besteht. Es ist erwiesene Tatsache, daß Jesus Christus von den Toten auferstand, und diese

Tatsache bildet das Fundament des christlichen Glaubens. Ohne sie könnte das Christentum nicht existieren.
Die Heilige Schrift hat Ihnen und mir noch mehr zu sagen. Dieser Jesus, der von den Toten auferstand, hat zu uns gesagt, und nie wird je etwas Größeres gesagt werden: »Ich lebe, und ihr sollt auch leben.« Wie finden Sie das? Ganz schön beeindruckend, nicht wahr?
Das alles können Sie in Lukas' Texten finden, in Johannes' Texten und in Paulus' Texten. Die ganze Geschichte wird dort in wenigen Kapiteln des Neuen Testaments erzählt.
Als wir von meiner geliebten Mutter Abschied genommen hatten, die eine große Christin gewesen war und den Herrn wirklich geliebt hatte, saß ich anschließend mit meinem Vater und meinen Brüdern, meiner Frau und meinen Schwägerinnen im Haus der Familie in Canisteo, New York, zusammen.
Mein Vater wandte sich meinem Bruder Leonard zu, der ebenfalls Geistlicher war. »Lies uns alles vor, was du im Neuen Testament über die Auferstehung finden kannst.«
Leonard war ein ausgezeichneter Bibelkenner, und er las uns die Auferstehungsberichte aus allen Evangelien vor. Mein Vater wurde so aufgeregt, daß er aufstand und anfing, auf und ab zu gehen.
»Wißt ihr was?« sagte er. »Das müßte vom Hausdach herab ausgerufen werden: Anna Peale ist nicht tot!«
Solange ich lebe, werde ich nicht vergessen, wie sein Gesicht leuchtete. Wir brachen in Freudentränen aus. Wir erinnerten uns daran, daß unsere Mutter uns alle diese Dinge während unseres ganzen Lebens immer wieder vorgelesen hatte. Sie glaubte an den Satz: »Denn ich lebe, und ihr sollt auch leben.«
Das Leben spielt sich in zwei verschiedenen und doch miteinander verbundenen Bereichen ab. Es gibt das Le-

ben drüben auf der anderen Seite, und es gibt das Leben hier, und beides ist in der Ewigkeit. Die Ewigkeit ist nichts Zukünftiges. Wenn Sie das Wort »ewig« im Wörterbuch nachschlagen, sehen Sie, daß es »immer« bedeutet. Daher befinden wir uns bereits jetzt in der Ewigkeit, und zwar auf der sterblichen Seite der Ewigkeit. Unsere geliebten Verstorben befinden sich auf der unsterblichen Seite der Ewigkeit.

Und wie, können wir annehmen, sieht ihr Dasein dort drüben aus? Der heilige Paulus weigert sich, Spekulationen darüber anzustellen, welche Art von Körper die Verstorbenen dort drüben haben, aber ihre Persönlichkeit wird deutlich erkennbar und lebendig sein. Möglicherweise überlagert die jenseitige Ebene in einer anderen Dimension unmittelbar unsere gegenwärtige Existenzebene, denn manchmal empfangen wir Botschaften von den Menschen dort.

Ein Mann und eine Frau, die gemeinsam mit mir das College besucht hatten, heirateten anschließend, und wir blieben über die Jahre in freundschaftlichem Kontakt. Er war im ersten Weltkrieg Offizier bei der amerikanischen Armee, ein großer, kräftiger, rauher, phantasieloser Bursche. Er überstand den Krieg und kehrte, für seine Tapferkeit mehrfach ausgezeichnet, nach Hause zurück. Dann kam der zweite Weltkrieg. Ihr Sohn, ihr einziges Kind, ein prächtiger Junge, fiel auf dem Schlachtfeld.

Ich besuchte sie. Während wir in der Bibliothek ihres Hauses saßen, fielen mir zwei Fotos an der Wand auf. Das eine zeigte den Vater in der Uniform der Armee der Vereinigten Staaten im ersten Weltkrieg; das andere zeigten den Sohn in der Uniform derselben Armee im zweiten Weltkrieg. Wir sprachen über unsere langjährige Freundschaft, und ich versuchte, sie zu trösten.

Mary, die Frau, erzählte, wie es Mütter eben tun, von den Kindertagen ihres Sohnes. Die Art, wie sie ihn beschrieb, war faszinierend. Was auf der Welt ist fesselnder als ein kleiner Junge? Nur eines: ein kleines Mädchen! Kleine Jungen und Mädchen zusammen sind wunderbar. Diese Mutter beschrieb, wie schön ihr Sohn gewesen war: seinen Wuschelkopf, sein sommersprossiges Gesicht, sein liebes Lächeln. Und sie sagte: »Er hat immer vor sich hin gepfiffen. Seit er ein kleiner Junge war, hat er immer Lieder gepfiffen. Er kam aus der Schule, ließ seinen Ranzen fallen, warf seinen Mantel auf einen Stuhl und schleuderte seine Mütze auf den Garderobenständer.« Wehmütig fügte sie hinzu: »In neun von zehn Fällen traf er und die Mütze blieb an einem Garderobenhaken hängen. Dann lachte er und lief pfeifend nach oben.

»Auch als er älter wurde, pfiff er immer noch gern. Das letzte woran ich mich erinnere, bevor er in den Krieg zog, war sein Pfeifen, ehe er seinen Arm um mich legte und sagte: ›Mach dir keine Sorgen, Mommy, ich habe dich immer lieb.‹«

Dann brach ihre Stimme, und mühsam, unter Tränen, sagte sie: »Ich werde ihn nie wieder ein Lied pfeifen hören.« Für einen Moment war es ganz still, während wir drei dort saßen; und dann schien es mir, daß ich ganz leise jemanden pfeifen hörte. Ich glaubte, meinen Ohren nicht zu trauen. »Wißt ihr, ich glaube, ich habe gerade jemanden pfeifen gehört.« Der Vater fuhr sich mit seiner großen, schweren Hand über die Augen, um sich rasch seine Tränen abzuwischen. Er sagte: »Ich traute mich nicht, es zuzugeben, aber ich habe dieses Pfeifen auch gehört.«

Einbildung? Phantasie? Was ist das Größte in dieser Welt, wenn nicht der Geist? Für eine Reihe von Jahren wohnt unser Geist in jenem Tempel, den wir Körper nennen. Aber nach einer Weile stirbt der Körper, und der Geist wird freigesetzt. Der allmächtige Gott wird doch wohl kaum so phantasielos sein, den Menschen,

diesen überaus erstaunlichen Mechanismus, erst zu erschaffen, nur um ihn dann wieder zu zerstören. Das ergäbe keinen Sinn. Also wurde uns verheißen: »Ich lebe, und ihr sollt auch leben.«
Das Leben ist eine wunderbare Sache. Wir alle lieben es: das sterbliche Leben. Wie Dr. Arthur Caliandro es so schön gesagt hat: »Wir sollten jede Minute unseres Lebens auskosten, denn jede Minute ist kostbar.« Und in der Tat verfügen wir während unseres irdischen Lebens nur über eine relativ begrenzte Anzahl dieser Minuten. Aber wir werden durch das große Versprechen belohnt: »Ich lebe, und ihr sollt auch leben.« Er wird sich um uns kümmern, so wie Er sich um unsere geliebten Verstorbenen gekümmert hat.
Während einer Englandreise besuchten Mrs. Peale und ich Chester in Cheshire. Die Altstadt dieses Ortes ist von einer vollständig erhaltenen Stadtmauer umgeben. Die Mauer ist so breit, daß drei bis vier Leute darauf nebeneinander um die Stadt herumspazieren können. Es gibt dort Reihen von Häusern und Geschäften, die vermutlich auf einer alten römischen Befestigungsanlage errichtet wurden. Und es gibt eine Arkade ähnlich der berühmten in Thun in der Schweiz.
Was mich aber besonders beeindruckte, war die Kathedrale. Sie ist aus braunem Sandstein und sehr alt, um das Jahr 1000 erbaut. An jenem Tag gab es mittags ein Konzert. Ruth und ich gingen hinein und setzten uns in eine der Kirchenbänke. Strahlendes Sonnenlicht fiel durch die schönen Buntglasfenster und beleuchtete die jahrhundertealten Steine.
Zwei alte Paare kamen herein. Einer der beiden Männer und eine Frau schafften den Weg nur noch mit großer Mühe. Die anderen beiden halfen ihnen, obwohl sie selbst genauso alt zu sein schienen. Sie setzten sich in eine Bank dicht vor uns, sehr gebrechlich, sehr hinfällig, sehr alt. Dann fiel mir auf, daß das durchs Fen-

ster hereinströmende Licht wie ein himmlischer Segen auf diese vier hochbetagten, weißhaarigen Menschen fiel, die dort gemeinsam in der uralten Kathedrale saßen.

Einer der beiden Männer ergriff mit seiner alten, knorrigen Hand die kleine Hand seiner Frau und hielt sie, wie er es vielleicht zum erstenmal getan hatte, als sie achtzehn oder neunzehn Jahre alt gewesen waren. Orgelmusik hallte durch das Kirchengewölbe. Es war die Melodie dieses alten Liedes:

»O Gott, Hilfe in alter Zeit
Und Hoffnung für die Ewigkeit,
Zu keiner Stund' sind wir allein,
Denn du wirst immer bei uns sein.«

Als ich diese vier alten Leute anschaute, wurde mir bewußt, daß Gott sie schon bald zu sich rufen würde. Im Laufe der Jahre hatten sie gewiß immer wieder das Versprechen gehört: »Euer Herz erschrecke nicht!« Und weiter: »In meines Vaters Haus sind viele Wohnungen. Wenn's nicht so wäre, würde ich dann zu euch gesagt haben: Ich gehe hin, euch die Stätte zu bereiten? ... Ich will wiederkommen und euch zu mir nehmen, damit ihr seid, wo ich bin.«

Und zweifellos hatten sie viele Male gehört: »Sie wird nicht mehr hungern noch dürsten; es wird auch nicht auf sie fallen die Sonne oder irgendeine Hitze; denn das Lamm mitten auf dem Thron wird sie weiden und leiten zu den lebendigen Wasserbrunnen, und Gott wird abwischen alle Tränen von ihren Augen.«

Woher stammen diese wunderbaren Worte? Aus dem verläßlichsten Buch, das je geschrieben wurde. Es ist das Buch, auf dessen Grundlage Sie von Kind an gelebt haben und das Sie durch den Tod in ein neues Leben begleiten wird.

Das ist keine wissenschaftliche, philosophische oder okkulte Behauptung. Es ist die Wahrheit aus der Heiligen Bibel. Und ich glaube an diese Wahrheit, denn sie hat mich noch nie im Stich gelassen. »Ich lebe, und ihr sollt auch leben.« Aber man kann das Versprechen noch auf eine andere, sehr positive Weise betrachten: Wir befinden uns jetzt auf der anderen Seite des Lebens. Wir müssen jetzt leben. Wenn wir jetzt nicht leben, werden wir auch dann nicht leben. Die Auferstehung geschieht im »Jetzt« ebenso wie im »Dann«. Wir müssen unser jetziges Leben annehmen und etwas daraus machen.

Elftes Kapitel

Viel Spaß in der Ewigkeit

Die Stoßstange des Wagens vor mir trug einen Aufkleber mit dem zum Nachdenken anregenden Satz: »Viel Spaß in der Ewigkeit!«

Genau das wird denen verheißen, die an Christus glauben und unerschütterlich an diesem Glauben festhalten. Ihnen wird viel Spaß in der Ewigkeit versprochen. Denn hat Er nicht gesagt: »Ich bin die Auferstehung und das Leben. ... Wer da lebt und glaubt an mich, der wird niemals sterben«? Gott verspricht uns die Ewigkeit; und, mehr als das, er verspricht uns ein Leben, das für immer neu ist. Und der Tod ist, wie John Milton es ausgedrückt hat, »der goldene Schlüssel, der uns den Palast der Ewigkeit öffnet«.

Und wie erlangen wir Zutritt zu dieser Form des Lebens? Zuerst einmal indem wir erkennen, daß wir in einem dynamischen, lebendigen Universum existieren, wo das Lebensprinzip vorherrscht. Das Leben in der Natur ist unbesiegbar! Die Krokusse und Narzissen kehren jedes Jahr wieder, unabhängig vom Wetter. Sie kehren wieder, weil sie dem Lebensprinzip gehorchen. Wenn also das Leben in der Natur immer weitergeht, dann wird auch die Seele des Menschen weiterbestehen! William Jennings Bryan hat dafür sehr schöne Worte gefunden:

»Allem, was erschaffen wurde, hat Gott eine Sprache gegeben, die von der Auferstehung kündet. Wenn der Vater mit seiner göttlichen Macht das kalte, pulslose Herz einer in der Erde ruhenden Eichel so anrührt, daß sie aus ihrem Gefängnis hervorbricht, wird Er dann die Seele des Menschen, der nach dem Bild seines Schöpfers gemacht ist, unbeachtet lassen?

Wenn Er dem Rosenstrauch, dessen verwelkte Blüten der Wind davonträgt, das süße Versprechen des nächsten Frühlings schenkt, wird Er dann den Menschensöhnen Worte der Hoffnung vorenthalten, wenn der Frost des Winters kommt?

Wenn die Materie, stumm und unbeseelt, und doch von der Kraft der Natur zu einer Vielfalt der Formen verwandelt, nie sterben kann, wird dann der königliche Geist des Menschen die völlige Auslöschung erleiden, nach einem nur kurzen Gastspiel in dieser Wohnung aus Lehm? Glauben wir besser daran, daß Er – der in Seiner offenkundigen Üppigkeit weder den Regentropfen, noch den Grashalm oder das abendliche Seufzen des Westwindes vergeudet, sondern sie alle Seinen ewigen Plan ausführen läßt – den Sterblichen Unsterblichkeit geschenkt hat!«

Die großen Wissenschaftler sagen, daß der menschliche Geist unzerstörbar ist. Und im Geist wohnt auch die Seele, so daß Geist und Seele eine untrennbare Einheit bilden. Dr. J. B. Rhine vertritt die Auffassung, daß der menschliche Geist über die Grenzen des Körpers hinweg in das Universum hinausreicht. Durch Hellsehen, Präkognition und Telepathie »sehen« wir Ereignisse, bevor sie tatsächlich geschehen, und können untereinander ohne Worte kommunizieren. Manche Menschen sind sogar imstande, über die Brücke von Raum und Zeit, ja sogar über die Grenze des Todes hinweg Botschaften und Eindrücke zu empfangen.

Natürlich möchte niemand wirklich sterben; der Überlebensinstinkt ist jedem von uns angeboren. Wir klammern uns so lange wie möglich an unser jetziges Leben. Das hat Gott so eingerichtet, damit wir nicht vorschnell aufgeben, wie es manche geistig abnorme Menschen hin und wieder tun. Aber Gott versteht, was es mit geistigen Abnormitäten auf sich hat, und baut auf die Normalität des menschlichen Verstandes. Doch es gibt Beweise dafür, daß das, was wir als den Tod bezeichnen, nicht das Ende ist, sondern lediglich ein Übergang. »Dieses Leben des sterblichen Atems«, sagte Longfellow, »ist nur ein Vorhof jenes paradiesischen Lebens, dessen Portal wir ›Tod‹ nennen«.

Kürzlich fand eine wissenschaftliche Tagung statt, auf der das Weiterleben nach dem Tod als wissenschaftliche Tatsache anerkannt wurde. Und ich las unlängst von einer Podiumsdiskussion, bei der fünf angesehene Mediziner über ihre Erfahrungen mit sterbenden Menschen berichteten. Alle fünf Ärzte gaben ihrer festen Überzeugung Ausdruck, daß es ein Leben nach dem Tod gibt.

Ein als beispielhaft angeführter Fall war der von Mrs. Betty Patterson, einer sechsundsiebzigjährigen Witwe, die sehr krank war und, nach Aussage ihres Arztes, im Steben lag. »Sie hatte einen Blinddarmdurchbruch, und ihr Körper war völlig vergiftet«, sagte der Arzt. »Zwar konnten wir sie wiederbeleben, aber ihr blieben lediglich wenige Minuten.«

Als Mrs. Patterson ihre Augen öffnete, sagte sie als erstes: »Herr Doktor, ich werde nie mehr Angst vor dem Tod haben, denn ich habe gespürt, wie ich schwebte. Ich war über meinem Körper. Ich konnte hinunterschauen und sah, wie Ärzte und Krankenschwestern um meinen Körper herumstanden. Ich hörte wunderschöne Musik und sah herrliche Bilder, die mich magisch anzogen. Ich wollte mich auf diese Schönheit zubewegen. Nie zuvor habe ich einen solchen Frieden gespürt. Ich ging nicht, sondern schien über dem Boden zu schweben. Doch allmählich schloß sich die Tür, und ich kehrte zurück.«

Beim zweiten Fallbeispiel handelte es sich um ein

junges Ehepaar – eine Frau von dreißig Jahren, Mutter zweier Kinder, und ihren Mann. Sie waren mit dem Auto unterwegs, um Freunde zu besuchen, als ihr Wagen gegen einen riesigen Sattelzug prallte. Der Ehemann war auf der Stelle tot. Seine Frau verlor viel Blut und befand sich an der Schwelle des Todes. Ihrem Arzt zufolge hatte auch sie diese Welt verlassen; doch durch die genialen Errungenschaften der modernen Medizin konnte sie ins Leben zurückgeholt werden. Ihr Herz hatte aufgehört zu schlagen, und das behandelnde Expertenteam benötigte fünf Minuten, um sie wiederzubeleben. Als der Arzt sah, daß sie wieder zu Bewußtsein kam, schoß ihm der Gedanke durch den Kopf: »Ich werde ihr beibringen müssen, daß ihr Mann tot ist.« Davor schreckte er zurück.

Doch als sie die Augen öffnete, sagte sie zu ihm: »Doktor, seien Sie unbesorgt. Ich weiß, daß John tot ist.« Sie erklärte ihm, daß sie, während sie selbst klinisch tot gewesen war, ihren Mann gesehen hatte. »Ich schien davonzuschweben, und plötzlich befand ich mich auf einer schönen Wiese«, sagte sie. »Alles war so wundervoll. Dann sah ich John auf mich zu kommen. Er lächelte, nahm meine Hand und ging mit mir ein Stück über die Wiese. Dann drehte er mich sanft um und sagte mir, ich solle für eine Weile zurückgehen. Ich mache mir um ihn keine Sorgen, denn ich weiß, wo er ist; ich weiß, er ist glücklich, und ich werde ihn wiedersehen.«

Dann war da noch ein Mann namens James Lorne, der einen schweren Herzanfall erlitt. Seine Körperfunktionen wurden durch Maschinen in Gang gehalten, während die Ärzte sein Herz massierten und sich bemühten, ihn wiederzubeleben. Er war kein sehr religiöser Mensch gewesen – ein Skeptiker, könnte man sagen.

Während dieses Erlebnisses fand er sich plötzlich

am Ende eines langen Tunnels wieder und sah Szenen von hinreißender Schönheit. Er sagte: »In meinem ganzen Leben habe ich nie einen solchen Frieden gespürt. Dann schloß sich der Tunnel, und ich blickte auf meine Frau und meine Kinder, deren Gesichter voller Sorge waren. Ich fragte mich warum; dann wußte ich es. Ich war zurückgeschickt worden. Es ist schwer zu erklären, aber etwas Seltsames und Wunderbares ist mit mir geschehen. Nennen Sie es Gott, nennen Sie es Liebe; seit diesem Erlebnis ist mein Leben unendlich viel reicher geworden. Etwas hat mein Leben von Grund auf verändert.«

Es sind angesehene Mediziner, die uns von diesen Vorfällen berichten, und ich könnte noch eine Fülle ähnlicher, wissenschaftlich dokumentierter Phänomene zitieren. Immer beschreiben diese Menschen, wie sie ihren Körper verließen; immer hören sie schöne Musik und sehen bezaubernde Landschaften; immer spüren sie tiefen Frieden.

Einmal las ich eine Geschichte von Cecil B. DeMille, einst eines der größten Genies im amerikanischen Filmgeschäft. DeMille war ein sehr feinfühliger, spirituell eingestellter Mensch. Er berichtete, wie er einen Sommertag in Maine verbrachte, indem er auf einem tief in den Wäldern gelegenen See Kanu fuhr. Er war allein. Er wollte ein Drehbuch bearbeiten, also ließ er das Kanu einfach treiben, während er sich dieser Tätigkeit widmete. Plötzlich bemerkte er, daß er zum Ufer getrieben war, in seichtes, höchstens zwanzig Zentimeter tiefes Wasser. Auf dem Grund des Sees sah er Wasserinsekten umherkrabbeln. Eines dieser kleinen Lebewesen kletterte aus dem Wasser auf das Kanu, klammerte sich am Holz des Rumpfes fest und starb dort.

Drei Stunden später, während deMilles Kanu immer noch in der warmen Sonne trieb, beobachtete er ein faszinierendes Wunder. Plötzlich bemerkte er, wie der Panzer des Wasserinsekts aufplatzte. Ein feucht schimmernder Kopf erschien, gefolgt von einem Flügelpaar. Schließlich verließ die geflügelte Kreatur den toten Körper und flog davon. Dabei legte sie in einer Sekunde eine Distanz zurück, die das Wasserinsekt an einem ganzen Tag nicht hätte überwinden können. Es war eine Libelle, deren prächtige Farben in der Sonne glänzten. Die Libelle flog über der Wasseroberfläche, aber die Insekten unten im Wasser, die Larven, konnten sie nicht sehen.

Glauben Sie ernsthaft, daß der Allmächtige Gott so etwas für ein kleines Wasserinsekt tut, es Ihnen aber verwehrt?

In jedem von uns gibt es etwas von Bedeutung. Und wenn der Moment der Loslösung von unserem physischen Körper kommt, sollten wir uns vorstellen, daß sich ein Spalt auftut, durch den wir zu einem Ort des Friedens und der Schönheit davonfliegen. Fürchten Sie sich nicht, denn Sie haben ein Leben, das für immer neu ist.

Doch das Herrliche ist, daß wir nicht bis zum Tod warten müssen, ehe uns wunderbare Dinge geschehen. Das Leben ist immer wunderbar! Während meines ganzen Lebens wurde ich sehr oft Zeuge, und fand es ungeheuer aufregend, wenn tote Menschen wieder lebendig wurden. Sie waren tot durch ihr Denken, tot durch ihren Haß, tot durch ihre Sünden, tot durch die Schutzwälle, die sie um sich errichtet hatten; doch dann entdeckten sie Christus und wurden lebendig. Die Auferstehung bedeutet nicht nur ein neues Leben nach dem physischen Tod; Auferstehung ist das *Jetzt*!

Gott hat dieses Leben erschaffen. Und Er hat ein Leben in noch größerer Fülle für uns vorbereitet. Das alles ist eins. Es ist durch ein untrennbares Gewebe miteinander verknüpft. Wenn dieses Leben also gut ist, wird auch das jenseitige Leben gut sein. Auch dort wird es Herausforderungen geben, so wie dieses Leben hier nicht frei von Problemen ist. Ein Leben ohne Schwierigkeiten ist nicht gut, denn Schwierigkeiten ermöglichen es uns, stark zu werden. Man kann nicht stark werden ohne Widerstände, Sorgen, Probleme und Enttäuschungen. Darum wird es auch auf der anderen Seite Dinge geben, die Sie zur persönlichen Weiterentwicklung anspornen; sonst wäre das Leben dort nicht interessant.

Oft stellen sich die Leute vor, das Leben drüben sei süß und nett und lieblich. Außer den ganzen Tag Harfe spielen bräuchte man dort nichts zu tun. Davon steht aber in der Bibel kein Wort. Die einzigen, die Harfe spielen, sind die vier Geschöpfe, die den Thron Gottes bewachen. Nirgendwo sonst in der Bibel ist vom Harfenspiel die Rede. Und das gefällt mir, denn die Aussicht, die Ewigkeit mit Harfespielen zubringen zu müssen, finde ich nicht sehr verheißungsvoll!

Die Bibel sagt uns vor allem, daß Gott dort ist, daß Jesus dort ist. Und wenn Gott und Jesus dort sind, ist der Himmel ein guter Ort. Ich denke, das alles steht miteinander in Verbindung. Viele kluge Gelehrte gehen davon aus, daß das Jenseits, das erfülltere Leben, der Frequenz, in der wir hier leben, lediglich überlagert ist.

Zwei Professoren haben dieses Thema erforscht. Der eine ist Raymond Moody, Jr., Verfasser eines Buches mit dem Titel *Leben nach dem Tod*. Er ist Psychiatrieprofessor an der Klinik der University of Virginia. Er lehrt außerdem philosophische Ethik und Logik, und, was ich noch nie gehört habe, Medizinphilosophie. Er ist ein anerkannter Wissenschaftler.

Ein anderer Forscher auf diesem Gebiet ist der Psychologieprofessor Kenneth Ring von der University of Connecticut. Diese hochgelehrten Männer haben Jahre damit zugebracht, jenes Phänomen zu analysieren, das sie als Nahtoderfahrung bezeichnen, und sind dabei auf ein allgemein verbreitetes Muster gestoßen. Immer wieder beschreiben jene Menschen, die ins Leben zurückgeholt wurden, daß sie sich außerhalb ihres Körpers befanden, oft sogar auf ihren Körper hinunterschauten, nachdem sie ihn verlassen hatten. Fast immer schwebt der Geist dieser Menschen durch einen dunklen Tunnel einem wunderschönen Licht entgegen. Diesen Berichten zufolge gibt es einen spirituellen Körper, den keiner der Betroffenen genau beschreiben kann. Aber sie berichten, sie hätten mit diesem Körper mehr sehen können, als es ihnen auf der Erde je möglich war. Und sie hören mit größerer Intensität, verfügen über eine geschärfte Bewußtheit, eine tiefere Wahrnehmung. Und keiner von ihnen wollte zurückkehren.

Diese Forschungsergebnisse geben den derzeitigen Stand der Wissenschaft wieder. Aber ich ziehe es vor, mich Jesus zuzuwenden, der sagte: »In meines Vaters Haus sind viele Wohnungen. ... Ich gehe hin, euch die Stätte zu bereiten.« Mit »Wohnungen« sind keine Zimmer gemeint, sondern Entwicklungsstadien, die Sie durchlaufen, während Sie Herausforderungen bewältigen, wachsen und ein aufregendes Leben führen.

Oft muß ich an meinen Bruder Bob denken. Wir sind zusammen aufgewachsen. Er war jünger als ich und starb im Alter von siebzig Jahren. Eines morgens unterhielt ich mich gerade mit den Angestellten der Foundation for Christian Living in Pawling, New York. Zwei Wände befanden sich zwischen mir und dem Platz vor jenem Haus, in dem Bob gewohnt und als Arzt praktiziert hatte. Plötzlich sah ich ihn, völlig real und lebendig. Er schien ungefähr dreißig oder fünfunddreißig Jahre alt zu sein und ging rasch über den Platz.

Bob hob die Hand zu dem für ihn typischen Gruß und sagte zu mir: »Mach dir wegen dem Tod keine Sorgen, Diakon (das war sein Spitzname für mich). Du brauchst dir deswegen wirklich keine Sorgen zu machen. Alles ist okay.« Diese Botschaft bedeutet mir viel. Ich bin sicher, wir werden feststellen, daß das Leben nach dem Tod wirklich okay ist, wenn Sie und ich okay sind.

Zwölftes Kapitel

Die Unsterblichkeit akzeptieren

Das Leben selbst ist die größte aller Botschaften: das vitale, energiegeladene, enthusiastische, kreative, fröhliche, aufregende Leben. Das ist die Botschaft des Christentums. Das ist die Botschaft der ewigen Wahrheit.

Viele Leute haben eine sehr beschränkte Vorstellung davon, was der christliche Glaube eigentlich ist. Manche haben ihn lediglich dazu mißbraucht, ihren Vorurteilen einen frommen Anstrich zu geben. Dadurch wird dieser Glaube nicht nur sehr unattraktiv, sondern schlichtweg falsch. Und eine solche Auslegung des Christentums wirkt auf viele abstoßend.

Das Christentum, wie es von Matthäus, Markus, Lukas, Johannes und Paulus gelehrt wurde, ist das einzig wahre. Und es ist so wunderbar, daß es auch zweitausend Jahre, nachdem es zum erstenmal verkündet wurde, immer noch begeistert und beeindruckt.

Wie erhebend, schwungvoll, großartig wird es erst in jenen frühen Tagen gewesen sein? Ein damaliger Zeitgenosse verglich das Christentum mit dem Gesang der Lerchen und dem fröhlichen Plätschern der Bäche. Paßt diese Beschreibung auf das Christentum, wie Sie es kennen? Wenn nicht, sollten Sie es kennenlernen, wie es wirklich ist.

Das Neue Testament, die wahre Quelle all dessen, worum es im christlichen Glauben geht, sagt, daß das Leben ewig ist und daß Sie nicht sterben, wenn Sie an Christus glauben. Sie werden eine Transformation durchmachen, während Sie von einem Stadium des Lebens in das nächste überwechseln, aber Sie werden weiterleben. Was für ein wundervolles Versprechen! Das ist doch wirklich allerhand! Statt als Christen in selbstgefälliger Glaubensroutine zu erstarren, sollten wir Freudensprünge machen und es von allen Hausdächern verkünden, daß wir nicht sterben werden. Daß die geliebten Menschen, mit denen Sie Ihr Leben teilen, nicht sterben werden. Das sagt uns das Neue Testament, und es gibt kein anderes Dokument von solcher Gültigkeit und Glaubwürdigkeit. Auf das Neue Testament können Sie bauen.

Aber ganz so einfach ist es nicht. Das Christentum stellt keine Blankoschecks für jedermann aus. Laut dem Neuen Testament garantiert nur der Glaube an Christus, daran, daß er Gottes Sohn ist, ewiges Leben. Sie befinden sich bereits jetzt im ewigen Leben, denn ewig bedeutet immer, nicht wahr? Das ewige Leben beginnt also nicht erst, wenn Sie sterben. Es beginnt, wenn Sie es für sich akzeptieren, und ich hoffe aufrichtig, daß Sie das jetzt sofort tun.

Einige der großartigsten Menschen, die ich gekannt habe, eindrucksvolle, standfeste, realistische, aufrichtige Menschen, besaßen die Art von Glauben, der unsterblich macht. Einer, der mir dabei sofort in den Sinn kommt, ist der verstorbene Präsident Dwight D. Eisenhower. Ich hatte das Privileg, ziemlich gut mit ihm bekannt zu sein. Und wenn man die Aura der Präsidentschaft durchdrang und Ike so sah, wie er wirklich war, dann spürte man, daß man es mit einem wirklich großen Mann zu tun hatte. Und er war trotzdem einer der realistischsten, bodenständigsten, wahrhaft amerikanischsten Präsidenten, den wir je hatten. Auch Harry Truman kann man vermutlich in diese Kategorie politischer Führer einreihen. Sie waren echte, einfache Amerikaner, die es dennoch bis in die höchste Position des Landes geschafft hatten. Diese Männer waren Christen – gläubige Christen.

Präsident Eisenhower erzählte mir, daß er jeden Abend und jeden Morgen betete, und daß seine Mutter der großartigste Mensch gewesen sei, den er gekannt habe. Sie hatte keine höhere Schulbildung genossen, aber sie war gemäß der Bibel erzogen worden. Und wenn man nach der Bibel erzogen wird, erwirbt man Weisheit. Ikes Mutter besaß diese Art von Weisheit.

Schließlich kam, wie für alle Sterblichen, auch für Eisenhower die letzte Stunde. Irgendwo habe ich gelesen, daß Billy Graham ihm damals geistlichen Beistand leistete. Und Billy tat das auf seine eigene wundervolle Weise. Als er sich schließlich, so wurde berichtet, verabschiedete und zur Tür ging, sagte der Präsident mit schwacher Stimme: »Billy, warten Sie bitte noch einen Moment. Ich weiß, daß mein Ende nahe ist. Wird ein alter Sünder wie ich in den Himmel kommen, so daß ich meine Mutter wiedersehen kann?«

Billy erzählte, es sei wirklich herzergreifend gewesen. Er ging zurück ans Bett, schaute den großen, alten Helden an und sagte: »Mr. President, General, Bruder Ike, haben Sie Jesus akzeptiert?«

»Oh ja«, antwortete er.

»Sie wissen, daß er der Sohn Gottes ist?«

»Ich weiß, daß er der Sohn Gottes ist«, antwortete der General.

»Dann werden Sie Ihre Mutter im Paradies treffen. Sie erwartet Sie dort.«

Das ist grundlegender, schlichter und gültiger christlicher Glaube an die Unsterblichkeit. Wenn Sie Ihre Sünden bekennen und Christus als Ihren Erlöser akzeptieren, wird Ihre Natur ewig; dann erlangt Ihre Seele Unsterblichkeit.

Ich habe einen alten Freund – ich sage alt, weil sein Körper schon sehr lange auf dieser Erde weilt – der eine wirklich große Seele ist. Aber er hat nicht gerade eine Ader für Poesie. Er ist durchaus zu Gefühlen fähig, aber er hält sie unter Kontrolle. Er ist ein nüchterner Wissenschaftler. Er hat drei oder vier Revolutionen in Mexico miterlebt; er hat auf dem Rücken eines Kamels die Sahara durchquert und unter den Sternen der Wüste geschlafen.

Wenn er in New York ist, besucht er jedesmal die Marble Collegiate Church. Eines Tages erhielt ich einen Anruf seiner Familie. Sie berichteten, daß er einen Schlaganfall erlitten hatte; sein Herz schlug nur noch schwach, der Blutdruck war gefährlich abgesunken und er zeigte keine Reflexe mehr. Der Arzt machte ihnen nur wenig Hoffnung.

Also betete ich für ihn, gemeinsam mit anderen. Ob es nun an unseren Gebeten lag oder nicht, jedenfalls schlug er die Augen wieder auf. Nach ein paar Tagen kehrte sein Sprachvermögen zurück, sein Herzschlag normalisierte sich, der Blutdruck stieg und seine Muskeln reagierten wieder.

Er sagte: »Ich habe ein herrliches Abenteuer erlebt. Ich weiß nicht, was es war. Plötzlich befand ich mich nicht mehr in meiner gewohnten Umgebung. Ich war an dem schönsten Ort, den ich je gesehen habe. Ich war von Licht umgeben, ein Licht, wie ich es noch nie zuvor gesehen hatte. Ich sah Gesichter, etwas verschwommene aber sehr freundliche Gesichter, und ich fühlte mich friedvoll und glücklich. Ich fühlte mich so gut, daß ich mir sagte: ›Offenbar sterbe ich; vielleicht bin ich auch bereits gestorben. Aber wenn ich tot bin, wieso habe ich mich dann mein ganzes Leben vor dem Tod gefürchtet? Hier ist es einfach wunderbar!«

Ich fragte ihn: »Was hast du empfunden? Wolltest du zurückkehren?«

»Es war mir eigentlich egal«, sagte er. »Vermutlich hätte ich es aber vorgezogen, weiterzugehen.«

Eine Halluzination? Ein Traum? Eine Vision? Das

glaube ich nicht. Dazu habe ich im Lauf der Jahre mit zu vielen Leuten gesprochen, die für kurze Zeit ganz dicht am Rand gestanden haben und einen Blick hinüber werfen konnten.

Was ist dort draußen? Denken Sie daran, Paulus sagte, Jesus habe »dem Tode die Macht genommen und das Leben und ein unvergänglich Wesen ans Licht gebracht durch das Evangelium«. Weil er lebt, sollen auch wir leben.

Das ist die größte Botschaft, die je verkündet wurde.

Benjamin Franklin gilt als einer der größten Geister in der Geschichte der Vereinigten Staaten. Ohne ihn wäre die Verfassung diese Nation, die als eines der bemerkenswertesten politischen Dokumente der Menschheitsgeschichte gilt, vermutlich nie zustande gekommen. Er war ein sehr intelligenter Mann.

In einem Brief, den er am 22. Februar 1756 aus Philadelphia an eine Dame namens Elizabeth Hubbard schrieb, nimmt Franklin zur Frage des ewigen Lebens Stellung:

»Mein gutes Kind,

Ich trauere mit Ihnen, denn wir haben einen teuren und geachteten Freund verloren, aber es ist der Wille Gottes und der Natur, daß diese sterblichen Körper abgelegt werden müssen, wenn die Seele in das wahre Leben eintritt; unser hiesiges Leben ist nur ein Keimzustand, eine Vorbereitung auf das eigentliche Leben.

Ein Mensch wird erst vollständig geboren, wenn er stirbt. Warum sollten wir also trauern, wenn ein neues Kind bei den Unsterblichen geboren wird? Wenn ein neues Mitglied in ihre glückliche Gemeinschaft aufgenommen wird? Das uns vorübergehend ein Körper geliehen wird, ist ein gütiger und wohltätiger Akt Gottes.

Wenn der Körper für diese Zwecke nicht mehr geeignet ist und uns Schmerz bereitet, statt Vergnügen –

statt uns Hilfe zu sein, zu einer Last wird und keiner der Absichten mehr zu dienen vermag, für die er uns einst geschenkt wurde – dann ist es ebenso gütig und wohltätig, daß uns ein Weg geboten wird, uns wieder von ihm zu befreien. Der Tod ist dieser Weg.

Oft entscheiden wir uns klug für einen teilweisen Tod. In manchen Fällen werden verstümmelte, qualvoll schmerzende Arme oder Beine willentlich amputiert. Wer sich einen Zahn zieht, tut dies aus freiem Entschluß, da das den Schmerz beseitigt; und ebenso vermag ein Mensch auch den ganzen Körper aufzugeben, um damit alle Schmerzen, alle Krankheiten und Leiden hinter sich zu lassen.

So werden wir in jenes andere Land eingeladen, zu einem Fest, das ewig währt. Vielleicht ist ein geliebter Mensch schon vor uns dorthin gereist. Wir können schließlich nicht alle gleichzeitig aufbrechen, und warum sollten wir deswegen traurig sein, wo wir selbst doch schon bald nachfolgen werden und wissen, daß er oder sie uns dort erwartet. Adieu.«

Wenn ich Sie zusammen mit anderen Menschen vor mir stehen sehe, erblicke ich schöne Körper. Aber diese Körper sind nicht Sie! Ich kann Sie nicht sehen – außer vielleicht im fröhlichen Aufblitzen Ihrer Augen oder dem Lächeln auf Ihrem Gesicht oder einer Geste, in der sich etwas von Ihrem wirklichen Wesen widerspiegelt. Wir sind Geister – unsterbliche Geister, die inmitten der Zeit leben.

Wenn Ihr Körper aufhört zu existieren, bedeutet das dann zwangsläufig, daß auch Sie aufhören zu existieren? Das ergibt einfach keinen Sinn. Daher lautet die Antwort auf all das: Weil Er lebt, sollen auch wir leben – wenn wir uns mit Ihm identifizieren und Seinem Wort entsprechend leben. Er ist Leben. Wir vereinigen uns mit Ihm, und erwerben so das ewige Leben.

Dreizehntes Kapitel

Worte des Trostes und der Ermutigung

Es ist noch nicht lange her, da reiste eine sehr tapfere Dame in jenes Land hinter dem Horizont. Sie hieß Marian Kay und folgte ihrem Mann Gordon, der kurz zuvor vorausgegangen war. Ich werde die beiden nie vergessen, denn sie hatten einen großartigen Glauben, einen Glauben, der alle Menschen in ihrer Gegenwart tief beeindruckte.

Gordon Kay rief mich eines Tages an. »Ich möchte, daß Sie meine Frau heilen«, sagte er geradeheraus.

»Aber ich bin kein Heiler«, entgegnete ich. »Nur Gott kann heilen. Aber ich will versuchen, ihr zu helfen, wenn Gott es wünscht.«

Als ich sie aufsuchte, berichtete sie mir von den Kobaltbestrahlungen, die sie erhielt. Sie sagte, man habe auf ihrer Brust und ihrem Rücken Markierungen angebracht, damit, falls sie in ein anderes Krankenhaus eingeliefert wurde, die Ärzte dort erkennen konnten, wo die Bestrahlungen anzusetzen seien.

Sie öffnete ihr Kleid und zeigte mir die purpurrote Markierung auf ihrem Rücken. Mir fiel auf, daß sie die Form eines Kreuzes hatte, und ich wies Marian darauf hin. »Oh, daran habe ich noch gar nicht gedacht!« Ein Ausdruck tiefen Glaubens erschien auf ihrem Gesicht. Sie, ihr Mann und ich gaben einander die Hände, um zu beten. Ich berührte mit einer Hand das Kreuz auf Marians Rücken und bat Gott, sich ihrer anzunehmen.

Die Monate kamen und gingen. Gordon, der stets in tiefer Überzeugung bekräftigt hatte, daß das Schicksal seiner Frau ganz in Gottes Händen lag, starb eines Tages plötzlich an einem Herzanfall. Marian kämpfte tapfer um ihr Leben. Einmal, als ich sie im Krankenhaus besuchte, öffneten sich ihre Augen weit. »Unser Erlöser ist mit Ihnen hereingekommen«, sagte sie auf ihre eindringliche, kluge Art. Kurz darauf berichtete sie, daß Er nun ständig bei ihr sei, und bei späteren Besuchen erklärte sie immer wieder: »Unser Erlöser ist hier.« Von da an sprach sie weniger davon, gesund zu werden, und dafür um so häufiger über ihre Liebe zu Jesus.

Als sich schließlich ihr irdischer Kampf dem Ende näherte, erzählte sie ihrer engen Freundin »Pat« Buckley, welchen Frieden sie durch Gottes Beistand spüre. Als diese im Glauben so starke Frau hinüberging, erschallten ganz gewiß die himmlischen Posaunen!

Mein Freund Dr. William Seaman Bainbridge war zweifellos einer der größten Ärzte und Chirurgen von New York. Als er im Sterben lag, besuchten meine Frau Ruth und ich ihn. Er hat uns und unserer Familie immer sehr nahe gestanden, und sein Foto hängt in meinem Büro. Als dieser große Mann, der so viele Menschen geheilt hatte, dort im Krankenbett lag, seine Frau an seiner Seite, sagte er zu uns: »Ich gehe nun bald hinüber auf die andere Seite. Mein Herr ruft mich. Ich habe keine Angst. Ich bin bereit zu gehen.«

Mrs. Bainbridge sagte leise: »Will, wenn du dort drüben ankommst, dann warte bitte auf mich, damit wir uns wiedersehen.«

Ein zuversichtliches Lächeln erschien auf seinem Gesicht. Seine Stimme, die sehr schwach geworden war, gewann für einen Moment ihre alte Kraft zurück. »Ich werde dort sein, ich werde dort sein«, erklärte er mit Nachdruck.

Ich wollte aufbrechen, doch seine Hand hob sich zu jener vertrauten Geste, die wir so gut kannten. »Lebwohl, alter Freund«, sagte er. »Wir sehen uns drüben wieder.« Es klang wie eine ganz alltägliche Verabredung hier auf der Erde. Aber er empfand absolute Gewißheit, daß wir uns genauso im Himmel verabreden konnten. Dieser Mann, einer der angesehensten Wissenschaftler und Ärzte unserer Zeit, besaß einen starken und sicheren Glauben, einen Glauben, der über jeden Zweifel erhaben war.

Es kommt mir darauf an, die Tatsache herauszustellen, daß der Tod nicht das Ende des Lebens ist. Zu allen Zeiten waren sich unsere größten und scharfsinnigsten Denker, wie alle feinfühligen Menschen, stets der Unsterblichkeit bewußt und spürten intuitiv, daß sie eine Realität ist. Ihre Worte, die ich hier für Sie zusammengestellt habe, werden Ihnen, wie ich hoffe, Trost und Ermutigung sein.

Ich kann nicht sagen, werde nicht sagen,
Daß er tot ist. Er ist nur fort.

Mit fröhlichem Lächeln und freundlichem Winken
Wanderte er in ein unbekanntes Land.

Uns bleibt der Traum, wie schön dieses Land
Sein muß, daß es ihn fortzog, dort zu verweilen.

Und du – O du, die am ärgsten vermißt
Seinen vertrauten Schritt, seine heitere Heimkehr –

Denke an ihn, daß er reist
In der Liebe dort wie in der Liebe hier;

Denke an ihn so, wie er war – und ist;
Er ist nicht tot – nur fort von hier!

James Whitcomb Riley

Vergeude keine Tränen für den Schmerz von gestern.

Euripides

Denn dies Verwesliche muß anziehen die Unverweslichkeit, und dies Sterbliche muß anziehen die Unsterblichkeit. Wenn aber dies Verwesliche wird anziehen die Unverweslichkeit und dies Sterbliche wird anziehen die Unsterblichkeit, dann wird erfüllt werden das Wort, das geschrieben steht: Tod, wo ist dein Stachel? Hölle, wo ist dein Sieg?

1. Korinther 15, 53–55.

»Warum sollen wir den Tod fürchten?« hat einmal jemand gesagt. »Er ist das schönste Abenteuer, das das Leben zu bieten hat.« Diese Worte stammen nicht von einem Pfarrer, der am Ostersonntag sicher in der Kirche auf seiner Kanzel stand, umgeben von Blumen, und den fröhlichen Klang der Kirchlieder im Ohr. Sie wurden auch nicht von jemandem gesprochen, der gemütlich abends am Kaminfeuer saß. Sie wurden von Charles Frohman gesprochen, auf dem Deck der *Lusitania*, als das mächtige Schiff dem Untergang geweiht war. Er spürte, daß alle irdische Hoffnung dahin war, und das waren seine letzten Worte an eine Gruppe von Freunden, die damit rechnen mußten, mit ihm in den Tod zu gehen.

Charles Reynold Brown[1]

Freu dich, Schiffskamerad, freu dich!
(Ruf ich froh meiner Seele im Tode zu),
Unser Leben ist aus, unser Leben beginnt,
Den langen, langen Ankerplatz verlassen wir,
Das Schiff gleitet hinaus ins offene Meer!
Rasch fällt zurück der bisherige Strand,
Freu dich, Schiffskamerad, freu dich!

Walt Whitman

... in ihm leben, weben und sind wir.

Apostelgeschichte 17,28.

In mir spüre ich das zukünftige Leben. Ich bin wie ein gefällter Wald; die neuen Schößlinge sind stärker und wachsen rascher. Ich werde ganz gewiß bis in den Himmel emporwachsen. Die Sonnenstrahlen baden meinen Kopf. Die Erde schenkt mir großzügig ihren Saft, aber der Himmel erleuchtet mich mit den Spiegelbildern – unbekannter Welten. Manche sagen, die Seele resultiere lediglich aus körperlichen Kräften. Warum wird dann meine Seele stärker, wenn meine Körperkräfte zu schwinden beginnen? Der Winter bricht über mich herein, aber in meinem Herzen wohnt der ewige Frühling. Selbst jetzt noch atme ich den Duft von Flieder, Veilchen und Rosen ein, so wie mit zwanzig Jahren.

Je mehr ich mich dem Ende nähere, desto deutlicher vernimmt meine Seele die unsterblichen Symphonien jener Welten, die mich rufen. Es ist wunderschön, und doch einfach. Es ist ein Märchen; es ist Geschichte.

Ein halbes Jahrhundert lang habe ich meine Gedanken in Prosa und in Verse übersetzt; Geschichtsschreibung, Philosophie, Drama, Roman, Sage, Satire, Ode und Lied; in all diesen Formen habe ich mich versucht. Aber dennoch fühle ich, daß ich nicht einmal ein Tausendstel von dem zum Ausdruck brachte, was in mir ist. Wenn ich ins Grab sinke, kann ich so wie andere sagen: »Mein Tagwerk ist beendet.« Aber ich kann nicht sagen: »Mein Leben ist beendet.« Mein Tagwerk werde ich am nächsten Morgen wieder aufnehmen. Das Grab ist keine Sackgasse; es ist ein Durchgang. Es schließt sich im abendlichen Zwielicht und öffnet sich in der Morgendämmerung.

Victor Hugo

Ich verlange keinen auferstandenen Staub als Beweis
    für die Unsterblichkeit;
Ich bin mir des ewigen Lebens bewußt.

Theodore Parker

Der Tod vernichtet das Licht nicht; er löscht lediglich
    die Lampe, weil der neue Tag anbricht.

Rabindranath Tagore

Wenn meine Seele auch in die Dunkelheit hinabsteigt,
wird sie danach doch zum vollkommenen Leben emporsteigen;
ich habe die Sterne zu sehr geliebt, um mich vor der
    Nacht zu fürchten.

Einem alten Astronomen zugeschriebene Äußerung

Manchmal wachen wir erleichtert aus einem schlechten Traum auf: Im Augenblick nach dem Tode ist es vermutlich ebenso.

Nathaniel Hawthorne

Werde mit mir alt!
Das Beste kommt erst noch:
Der Herbst des Lebens, der die Ernte bringt;
Unsere Zeit ist in der Hand dessen, der sagte:
»Ein ganzes Leben gebe ich euch,
Die Jugend ist nur die eine Hälfte;
Vertraut Gott; seht alles an und fürchtet nichts!«

Robert Browning

Ich bin die Auferstehung und das Leben. Wer an mich glaubt, der wird leben, ob er gleich stürbe.

Johannes 11,25.

Die, deren Liebe die Welt transzendiert, können niemals durch die Welt getrennt werden. Der Tod kann nicht auslöschen, was nie stirbt. Geister, die im selben göttlichen Prinzip lieben und leben, können nie getrennt werden.

William Penn

Die letzte Tagesglut ist rot
Hinter dem dunstigen Hügel.
Das Herdfeuer prasselt; das Bett
Im dunkelnden Haus ist bereitet:
Der große Himmel schwärzt sich über mir,
Und in den großen Wäldern singt die Nacht.
Bis hierher wurde ich geführt
Durch Deinen Willen, Herr:
So weit bin ich gefolgt, Herr, und staune immer noch.

Die Brise aus dem geheiligten Land
Weht plötzlich den Strand herauf
Und klopft an meine Hütte –
Ich höre das Signal, Herr,
Ich verstehe;
Die Nacht, in der du mich zu dir befiehlst,
　　kommt;
Ich werde essen und schlafen,
Und ich werde keine Fragen mehr stellen.

Robert Louis Stevenson

Solange ich Gott nicht gesehen habe, lebe ich nicht wirklich; und wenn ich Ihn gesehen habe, werde ich niemals sterben.

John Donne

Ich lebe, und ihr sollt auch leben.

Johannes 14,19.

Sie ging nur ein kleines Stück voraus,
Zu suchen ein Heim für mich.
Eines, wo Vorhänge flattern im Wind,
Und mit Büchern, genau wie das hier;
Bilder, ein Tisch mit Gedecken, sehr hübsch,
Wo Freunde gern kommen vorbei ...
Sie ging nur voraus, wie es Mütter tun,
Zu suchen ein Haus für mich.

Sie ging voraus wie auch andere schon,
Die verschwanden aus unserer Welt,
Deren Leben verschweißt mit dem unseren war,
Bis sie schieden aus dieser Zeit.
Niemand soll sagen, der Tod nahm sie mir,
Und beklagen, wie einsam ich bin –

Oh, sie ging nur ein kleines Stückchen voran,
Öffnete eine Tür schön und neu.

Sie ging nur ein kleines Stückchen voraus,
Sucht mir einen Garten so schön;
Ganz goldene Rosen, die gibt es dort,
Sie blühn im azurnen Raum;
Mohn, Narzissen und Fliederstrauch,
Und Moospolster, samtig und weich –
O, Mutter! Jetzt ist es klar für mich,
Du gingst mir ein Stück nur voraus.

Angela Morgan[2]

Das Leben vieler Menschen wird durch die ständige ängstliche Beschäftigung mit dem Tod beeinträchtigt. Wir müssen uns mit dem Leben befassen, nicht mit dem Tod. Die beste Vorbereitung auf die Nacht besteht darin, während des Tages emsig zu arbeiten. Die beste Vorbereitung auf den Tod ist das Leben.

George Macdonald

Lebe deine kurze Zeitspanne gemäß den Gesetzen der Natur und begrüße das Ende deiner Reise mit heiterer Ruhe, so wie eine Olive vom Baum fällt, wenn sie reif ist, den Zweig segnend, der sie trug, und dankbar gegen den Baum, der ihr das Leben schenkte.

Marc Aurel

Am Grund eines alten Teiches lebten einige Larven, die nicht verstehen konnten, warum diejenigen von ihnen, die an den Stengeln der Lilien nach oben aus dem Wasser krochen, nie mehr zurückkehrten. Sie versprachen einander, daß die nächste, die den Drang spürte hinaufzuklettern, anschließend zurückkommen würde, um ihnen zu erzählen, was dort oben geschah. Bald darauf spürte eine von ihnen das dringende Bedürfnis, zur Wasseroberfläche emporzukriechen. Dort setzte sie sich auf die Spitze eines Blattes und erlebte eine wundersame Verwandlung, die aus ihr eine Libelle mit prächtigen Flügeln machte. Vergeblich versuchte sie, ihr Versprechen zu halten. Sie flog über dem Teich hin und her und schaute zu ihren Freunden ins Wasser hinunter. Dann wurde ihr klar, daß jene, selbst wenn sie sie sehen konnten, dieses prächtige Geschöpf, in das sie sich verwandelt hatte, gar nicht als eine der ihren erkennen würden.

Daß wir unsere Freunde nach jener Verwandlung, die wir Tod nennen, nicht mehr sehen oder mit ihnen Verbindung aufnehmen können, ist kein Beweis, daß sie aufgehört haben zu existieren.

Walter Dudley Cavert[3]

Denn wir wissen: wenn unser irdisch Haus, diese Hütte, zerbrochen wird, so haben wir einen Bau, von Gott erbaut, ein Haus, nicht mit Händen gemacht, das ewig ist im Himmel.

2. Korinther 5,1.

Ein guter Mensch stirbt nie,
   In Taten und Gebeten,
In Güte und hilfreicher Hand,
   In Lächeln und in Tränen;
Wer lebt für dich und mich,
   Für die Welt, der er
Zu helfen sucht – der lebt wohl ewiglich.
   Ein guter Mensch stirbt nie.

Wer lebt, tapfer zu tragen
   Sein Bündel Kampf und Not,
Und hilft dazu den Schwachen

    Erleichtern ihre Last,
Um den wird man viel trauern,
    Geht er zur letzten Ruh.
Arg beugte ihn das Leben, doch:
    Ein guter Mensch stirbt nie.

James Whitcomb Riley

Kein Stern war je
Verloren; hier
Streben wir alle zum Himmel,
Und der Himmel ist über uns.
Wenn ich mich beuge
In ein dunkles, unermeßliches Wolkenmeer,
Dann nur vorübergehend; ich drücke die Lampe
    Gottes
Fest an meine Brust; ihr Glanz wird früher oder später
Die Finsternis durchdringen; eines Tages kehre ich zurück.

Robert Browning

Wir glauben nicht an die Unsterblichkeit, weil wir sie bewiesen haben, sondern wir versuchen unentwegt, sie zu beweisen, weil wir an sie glauben.

James Martineau

Wie eine liebevolle Mutter, wenn der Tag sich neigt,
    An der Hand ihr kleines Kind zum Schlafen führt,
    Das halb freudig mitgeht, halb ihr widerstrebt,
    Zerbrochnes Spielzeug auf dem Boden hinterläßt,
Und von der Tür aus noch einmal auf die alten Spiele
    schaut,
    Nicht ganz getröstet und befriedigt von
    Der Versprechung, daß andere, schönere Spiele folgen,

> Da deren Schönheit, denkt es,
> Sich erst noch erweisen muß;
> So macht es die Natur mit uns, und nimmt uns fort
> Das Spielzeug Stück für Stück, führt an der Hand
> Uns sanft zur Ruhe, so daß wir gehen, ohne
> Recht zu wissen, wollen wir gehen oder bleiben,
> Weil wir zu schläfrig sind, um zu verstehen,
> Wie weit das Fremde das durchdringt, was uns vertraut.

Henry Wadsworth Longfellow

Wir bitten Dich, O Christus, uns in den Zauber der Unsterblichkeit zu nehmen.

Auf daß wir nie wieder denken oder handeln, als seiest Du tot. Laß uns immer mehr Dich als den lebendigen Herrn erkennen, der denen versprochen hat, die an ihn glauben: »Ich lebe, und ihr sollt auch leben.«

Hilf uns, nie zu vergessen, daß wir zum Überwinder des Todes beten, daß die Probleme und Schrecken der Welt uns nicht länger ängstigen müssen, weil Du die Welt überwunden hast.

In Deinem starken Namen bitten wir um Deine lebendige Gegenwart und Deine siegreiche Macht. Amen.

Peter Marshall

---

[1] Mit freundlicher Genehmigung entnommen aus dem Buch *Living Again* von Charles Reynold Brown, verlegt bei Harvard University Press.
[2] Mit freundlicher Genehmigung entnommen aus *Creator Man* von Angela Morgan, verlegt bei Dodd, Mead & Company, Inc.
[3] Nachdruck mit freundlicher Genehmigung.